Glücksmomente sind Kraftmomente

Georg Sedlmaier

Glücksmomente sind Kraftmomente

2. erweiterte Auflage

Bibliografische Information der Deutschen Nationalbibliothek
Die Deutsche Nationalbibliothek verzeichnet diese Publikation
in der Deutschen Nationalbibliografie; detaillierte bibliografische
Daten sind im Internet über http://dnb.d-nb.de abrufbar.

© 2. erweiterte Auflage 2009 Georg Sedlmaier
© 1. Auflage 2008 Georg Sedlmaier
Satz, Umschlaggestaltung, Herstellung und Verlag:
Books on Demand GmbH, Norderstedt
ISBN 978-3-8391-9228-3

Inhalt

Vorwort

Es war bestimmt einer dieser Glücksmomente im Leben des Georg Sedlmaier, die ihn beflügelten, als er vor elf Jahren die Interessengemeinschaft für gesunde Lebensmittel gründete. In dieser atomisierten Welt war (und ist) es bestimmt nicht leicht gewesen, sich für Bio-Produkte in Deutschland und Europa einzusetzen.

Aber es ist Georg Sedlmaier gelungen, mit der IG FÜR... eine Organisation zu etablieren, die von Politikern und kirchlichen Vertretern gleichsam applaudiert wurde.

Dieser tiefgläubige Mann hat es geschafft, eine Institution zu kreieren, die vor allem in den Ländern der Dritten Welt Nachahmer finden sollte.

Herr Sedlmaier gehört nicht zu den Menschen, die warten bis sie das Schicksal ereilt hat, sondern zu denjenigen, die die Ereignisse erschaffen und bestimmen.

Sein neuestes Werk ist eine Sammlung von Lebenserfahrungen, das uns allen gut tun wird.

Möge die Arbeit der IG FÜR... unter seiner Leitung weiterhin florieren und möge der Allmächtige diesen gottgläubigen Menschen segnen.

– Dr. Asfa-Wossen Asserate, Prinz von Äthiopien –
Ehrenmitglied der IG FÜR...

Fragen können nachdenklich machen

Der Facharzt Dr. med. Ulrich Kraft und der Schuldirektor Dr. Rudolf Summa fragten mich nach meinen Kraftquellen. Sie würden mich schon jahrelang beobachten, und ich hätte doch als Vorstandsmitglied bei der Firma tegut... gute Lebensmittel einen »full time job«.

Wie kann man sich hier zusätzlich noch für Umwelt- und Sozialbelange engagieren? Sie sammeln nun bereits für das achte SOS Kinderdorf Waisenhaus weltweit. Sie gründeten vor elf Jahren die nun internationale Interessengemeinschaft FÜR gesunde Lebensmittel e. V. (kurz IG FÜR...). Sie halten Vorträge und bereisen die verschiedenen Länder und Kontinente.

Meine Antwort lautete:
Ich meditiere und bete mitunter. Manchmal delegiere ich größere Probleme zum »obersten Chef«, nämlich zu Gott.

Ich bekam zu hören:
Das machen andere auch, andere beten auch. Es muss noch mehr Kraftquellen geben.

Diese Fragen ließen mich weiter nachdenken und ich begann, einige meiner Glücksmomente, die zugleich Kraftmomente sind, bewusst zu hinterfragen und aufzuschreiben.

Als ich bei einer Donau-Schiffsreise einen Großteil dieses Büchleins geschrieben hatte, betrachtete ich selber kritisch das von mir Notierte.

Viele Ereignisse aus den letzten fast fünf Jahrzehnten in sieben verschiedenen Lebensmittelfirmen waren im Rückblick ziemlich unbedeutend geworden. Ich stellte zur eigenen Überraschung fest, dass zweierlei Tatsachen lebendig geblieben waren.

Bei der einen Kategorie hatte ich beruflich ganz umfassend und an der Belastungsgrenze mit meinen Aufgaben und Pflichten zu ringen, um erfolgreich zu werden.

Bei der zweiten Kategorie stellte ich fest, dass mir mein ehrenamtliches Engagement für Umwelt und Soziales – also für andere Menschen – viel Freude und Glücksmomente schenkte.

Ohne den Rückhalt in meiner Familie wäre vieles gar nicht möglich geworden.

Möge das Büchlein dazu beitragen, Sie als werte Leserin, Sie als werten Leser nachdenklich zu machen, wo Ihre Glücksmomente als Kraftmomente zu finden sind.

Wir sind erlöst

»Es ist nicht nur unser Recht
Es ist sogar unsere Pflicht, uns zu freuen

Weil der Herr uns die Freude geschenkt hat
Und uns erlöst hat

Suchen wir was oben ist«

Papst Benedikt XVI

»Drei Dinge sind uns
aus dem Paradies geblieben:
die Sterne der Nacht,
die Blumen des Tags
und die Augen der Kinder.«

Dante Alighieri

»Die Stunde auf dem Gipfel
wäre nicht halb so schön,
wären da zuvor
nicht die dunklen Täler
zu durchwandern.

Helen Miller

»Trage ich einen grünen Zweig im Herzen,
so wird sich ein Vogel
darauf niederlassen.«

aus China

»Sobald du dich auf den Weg machst,
öffnet der Horizont seine Grenzen.«

Unbekannt

»Das Glück ist ein Mosaikbild
das aus lauter
unscheinbar kleinen Freuden
zusammengesetzt ist.«

Daniel Spitzer

»Achte auf deine Gedanken,
denn sie werden deine Worte;
achte auf deine Worte,
denn sie werden deine Taten;
achte auf deine Taten,
denn sie werden deine Gewohnheiten;
achte auf deine Gewohnheiten,
denn sie werden dein Charakter;
achte auf deinen Charakter,
denn er wird dein Schicksal!«

Weisheit aus dem Talmud

»Ich habe Augen zum Sehen und Schauen…
Ich habe Ohren zum Hören und Lauschen…
Ich habe einen Mund zum Sprechen und Schweigen…
Ich habe einen Verstand zum Verstehen und Denken…
Ich habe Hände zum Arbeiten und Geben…
Ich habe Füße zum Gehen und Wandern…
Ich habe ein Herz zum Lieben und Mitfühlen…
Ich habe einen Glauben, der mich stark und frei
und unsterblich macht…
Ich habe eine Hoffnung, die mich froh macht…
Ich habe eine Liebe, die mich und meine Mitmenschen
reich und glücklich macht…
Ich habe ein Gedächtnis, in dem ich den Schatz meines
Wissens und
Könnens und meiner Erinnerungen bewahren kann…
Ich habe eine Phantasie, die mich beflügelt und in wun-
derbare Welten trägt…
Ich habe einen guten Geist, der mich leitet und schöpfe-
risch macht…
Ich habe eine Seele als Gnadengeschenk des Himmels
empfangen…
Ich bin so reich, so unendlich reich und glücklich und
froh…
Ich freue mich, weil ich auch andere glücklich und froh
machen kann…«

Quelle unbekannt

War ich in der wahren Ölbergs-Apostel-Felsengrotte?

Mit 19 Jahren unternahm ich, zusammen mit dem Reiseunternehmen Roteltours von Georg Höltl, eine fünfwöchige Studienreise. Mit Bus und Schlafwagenanhänger fuhren wir 1964 durch Jugoslawien, Nordgriechenland, die Türkei und Syrien bis nach Jordanien.
Die Heiligen Stätten in Jerusalem faszinierten mich. Jerusalem stand damals zu einem großen Teil unter jordanischer Hoheit.

Die golden leuchtenden Kuppeln der russisch-orthodoxen Ölbergskirche besaßen eine geheimnisvolle Anziehungskraft für mich. Der große Klosterbezirk war mit einer mehr als mannshohen Steinmauer eingefriedet und das Tor verschlossen.

Als junger Mensch durfte ich sogar in der römisch-katholischen »Kirche der Nationen«, am Fuße des Ölbergs, bei einem Gottesdienst in Deutsch eine Lesung vortragen. Ich dachte mir, wenn es mir vergönnt sein sollte, nochmals nach Jerusalem zu kommen, dann würde ich einen neuen Versuch starten, die russisch-orthodoxe Ölbergskirche zu besuchen.

Mit etwa 36 Jahren (1981) besuchten meine Frau und ich, zusammen mit einer Reisegruppe, kurz nach dem Friedensschluss, Israel und Ägypten. In Jerusalem, nun unter israelischer Hoheit, wollte ich wiederum gerne die russisch-orthodoxe Ölbergskirche besuchen. Dieser zweite Anlauf in meinem Leben brachte ebenso keinen Erfolg. Diese Kirche war aus den Besuchsprogrammen ausgeschlossen.

Tatsächlich durften im Heiligen Jahr 2000 meine Frau Marianne und ich, zusammen mit einer katholischen Pilgergruppe unter theologischer Leitung des Franziskanerpaters Adalbert vom Fuldaer Frauenbergkloster, das Heilige Land besuchen.

Wir nahmen Quartier in einem Hotel, welches König Hussein von Jordanien an der Ölbergspitze vor einigen Jahren erbauen ließ. Der Blick beim Frühstück und erst recht abends auf die beleuchtete Altstadt von Jerusalem wird unserer Pilgergruppe immer im Bewusstsein bleiben.

Mein spezielles Interesse galt aber immer noch der geheimnisvollen russisch-orthodoxen Kuppelkirche am Ölberghang.

Vor dem Abendessen hatte ich an einem Werktag noch eine Stunde Freizeit. Mit meinem Fotoapparat ausgerüstet machte ich mich zielgerichtet auf den Weg. In keinem Reiseführer hatte ich über diesen ummauerten Klosterbezirk irgendwelche Angaben entdeckt. Pater Adalbert war schon 27 mal im Heiligen Land, auch er wusste nur, dass man da nicht rein kann.

Ich eilte den schmalen Fußweg vom Hotel talabwärts. Ich entdeckte, dass das riesige Eingangstor zum russisch-orthodoxen Klosterbezirk etwa einen halben Meter geöffnet war. Ich dachte mir: »Jetzt oder nie, irgendwie werde ich wohl auch wieder herauskommen.« In der russisch-orthodoxen Kuppelkirche war feierlicher Gottesdienst, daher wohl die schmale Türöffnung in der Ummauerung.

Der Gottesdienst dauerte mir zu lange. Eine innere Stimme sagte mir, dass ich mich im weitläufigen Kloster-Ölbergs-Garten umsehen sollte. Ich entdeckte Felsenstufen zu einer Naturgrotte. Nichts hielt mich mehr auf. Ganz alleine betrat ich diese Felsenhöhle.

Brennende Kerzen und einige herrliche Ikonen zeigten mir, dass ich mich gerade an einem besonderen Ort der religiösen Verehrung aufhielt. Die Felsenhöhle bot für etwa 12 Personen ausreichend Platz. Der rückwärtige Teil war höher gestuft und eignete sich als Nachtruheplatz.

Ein feierliches Gefühl ergriff mich auf einmal. Sollte ich tatsächlich bei meinem dritten Anlauf einen ganz ursprünglichen, originalen, biblischen Platz am Ölberghang im Anblick der Jerusalemer Altstadt gefunden haben?

Ich betete ein stilles Vaterunser und war ergriffen. Kirchen wurden wiederholt durch Kriege zerstört, Wasserquellen und Felsenhöhlen überdauerten jedoch Jahrtausende.

Ich fotografierte nach links und rechts zur Erinnerung und als Beweisstück. Es kamen mir verschiedene Bibelstellen in Erinnerung:

»Tagsüber lehrte Jesus im Tempel, abends aber ging er zum Ölberg hinaus und verbrachte dort die Nacht.« (Lukas 21. Kapitel, 37. Vers)

»Nach dem Lobgesang gingen sie zum Ölberg hinaus.« (Matthäus 26. Kapitel, 30. Vers)

»Als er auf dem Ölberg saß, wandten sich die Jünger, die mit ihm allein waren, an ihn und fragten.« (Matthäus 24. Kapitel, 3. Vers)

»Und als er auf dem Ölberg saß, dem Tempel gegen-

über, fragten ihn Petrus, Jakobus, Johannes und Andreas, die mit ihm alleine waren…«
(Markus 13. Kapitel, 3. Vers)

Ich meditierte und war begeistert. Ohne Probleme konnte ich durch das schmale geöffnete Tor den Klosterbezirk wieder verlassen. Ich eilte den Ölberg hinauf zum Hotel. Ich schwitzte und war beglückt. Der dritte Anlauf war erfolgreich. Ich erzählte es meiner Frau und Pater Adalbert. Er meinte:»Da kann man doch nicht rein.«

Bei einer Weihnachtsansprache erzählte ich es vor Kollegen in der Firma. Später sagte mir ein Kollege, mein Bericht habe ihn ermuntert, sich selbständig zu machen. Er sei bildhaft durch das schmale geöffnete Tor in die Ungewissheit der Selbständigkeit geschritten. Er habe es nicht bereut, den Mut gehabt zu haben.

Manchmal betrachte ich die beiden Fotos und bin dankbar.

Die Entdeckung der »Schöpferischen Pause«

Als Lebensmittelkaufmann konnte ich mit 25 Jahren die Leitung des neu erbauten 3.000 m² großen Verbrauchermarktes Kaufmarkt in Sonthofen im Allgäu übernehmen.

Nach drei mühevollen Aufbaujahren übertraf diese neue Einkaufsform die Planzahlen. Die Bevölkerung hatte diesen Markt angenommen und zu schätzen gelernt.
   Natürlich war das für mich ein großes Erfolgserlebnis. Würde dieses Glückserlebnis auch ein Kraftmoment werden?

Ein von unserem Unternehmen neu gebauter weiterer Verbrauchermarkt in Memmingen / Allgäu wurde von den Kunden nicht angenommen. Dieser Markt »kränkelte« so vor sich hin. Er wurde sogar ein echter Problemfall.
   Es gab in dieser modernen Einkaufsstätte mehr Mitarbeiter/innen als Kunden.
   Meine beiden Chefs waren der Ansicht, diesen Markt in die Kundengunst zu bringen, sei die richtige nächste Berufsaufgabe für mich.

Ungern gab ich den nun so richtig florierenden Sonthofener Markt ab.
   Würde mir die neue Leitung gelingen?
   Bei meinem Antrittsbesuch in Memmingen stellte ich an einem Montag Mittag fest, dass die etwa 20 Autos auf dem Verbrauchermarkt-Parkplatz fast ausschließlich Mitarbeiterautos waren. Der Markt vermittelte mir einen ruhigen, verträumten Eindruck. Seit seiner Eröffnung war ein Jahr vergangen.

Die Mitarbeiter waren überzeugt, der Standort am nördlichen Stadtrand sei einfach falsch gewählt worden.

Der Memminger Oberbürgermeister Dr. Bauer schrieb sogar in der Zeitung: »Dieser Verbrauchermarkt ist so übrig und unnütz wie ein Allgäuer Kropf.«

Ich wurde sehr nachdenklich. Auf was hatte ich mich in vielleicht jugendlichem Leichtsinn eingelassen?

Wäre es nicht besser gewesen, in Sonthofen zu bleiben? Dieser Markt machte uns doch zwischenzeitlich Freude.

Die Mitarbeiter im neuen Memminger Markt musterten und beobachteten mich genau. Das Lächeln fiel mir etwas schwer.

Ich merkte, dass ein gemeinsamer Kraftakt aller Beteiligten nötig war. Bei meinem Marktdurchgang entdeckte ich einfach zu viele Schwachstellen.

Wir mussten uns gemeinsam die Kundengunst erarbeiten. Der Blick aus Kundensicht sollte uns dabei helfen.

Alle Mitarbeiter/innen sollten so genannte »Schöpferische Pausen« einlegen.

Ich bat den Abteilungsleiter Herrn Lohr, einen Schreibblock und einen Stift zu nehmen und aus Kundensicht alle positiven und negativen Punkte zu notieren. Er solle auf dem Parkplatz beginnen, die Außenwirkung des Marktes beobachten, die Eingangszone und die einzelnen Marktbereiche bis zu den Kassen langsam erfassen.

Je mehr es ihm gelänge, »in die Schuhe eines Kunden / einer Kundin zu schlüpfen«, umso treffender und hilfreicher seien seine Punkte.

Uns Händlern liegt das Handeln im Blute. Somit besteht die Gefahr, dass wir bereits beim zweiten oder dritten Beobachtungs-Punkt sofort verbessern und abstellen möchten.

18

Es könnte aber sein, dass der zehnte Punkt die höchste Priorität aufweist.

Nach Herrn Lohr bat ich ebenso alle anderen Kaufmarkt Mitarbeiter/innen, ihre »Schöpferische Pause« durchzuführen. Sie merkten schnell, dass es sich um keine normale Kaffeepause handelte, sondern um den kritischen Blick aus Kundensicht, auf die Qualität unseres Marktauftrittes.
Auf so einem Schreibblock konnte zum Beispiel vermerkt sein:

- Fahne eingerissen
- Schmutz im Einkaufswagenhaus
- Spinnweben an der Decke des Eingangs
- Kundengang mit Waren verstellt
- Essig- /Ölregal verschmiert
- Metzgereiverkäuferin kaut Kaugummi und benutzt keine Gabel
- Kassiererin verabschiedet Kundin mit Namen – loben!

Unsere Beobachtungsgabe wurde immer besser. Alle Kaufmarkt Mitarbeiter/innen fühlten sich wichtig genommen. Sie durften selber entdecken. Sie führten Wahrnehmungsübungen durch.

Nach einiger Zeit merkten es auch die ersten Kunden.

Leider waren es noch zu wenig Kunden.

Wir sprachen mit sehr vielen Vereinen, der Feuerwehr, dem Roten Kreuz, der Wasserwacht, dem THW, Auto- und Motorradfirmen.
Alle durften kostenlos auf unserem Firmengelände Informationsveranstaltungen und Vorführungen starten. Nur

ein Inserat in der Zeitung und in den Vereins-Nachrichten war nötig, um auf die gemeinsamen Veranstaltungen aufmerksam zu machen.

Für Kindergärten und soziale Zwecke veranstalteten wir Tombolas, Verlosungen und Glücksräder.

Wir stellten auf dem Kaufmarktparkplatz Wohnwägen, kleine Segelschiffe und Boote aus. Wir signalisierten Vielfalt und Leben. Den Kaufmarkt füllten wir prall mit Ware. Wir sagten: »Ware pur und satt.«

Zuerst sagte der Chefreporter der lokalen Zeitung: »Sie meinen wohl, dass wir darüber berichten sollten, wenn ein Esel den Schwanz hebt.«

Wir gaben aber nicht auf.

Die Memminger Zeitung musste einfach im redaktionellen Teil über unsere vielfältigen Sozialaktivitäten für die Kindergärten, das Klinikum und die unterschiedlichsten Vereine berichten.

Gemeinsam dachte das Kaufmarkt-Team nach und wurde immer kreativer. Wir wollten nicht nur fleißig sein wie die Maulwürfe, graben, wühlen, kurz auftauchen, Luft holen, weiter graben und vielleicht an einem nicht gewollten Ziel ans Tageslicht kommen.

Nach etwa vier Monaten meinten die Kaufmarkt-Mitarbeiter, der Standort sei gar nicht so schlecht wie im ersten Jahr angenommen.

Wir luden den Oberbürgermeister und den Stadtrat zur

feierlichen Scheckübergabe ein. Wir fragten ihn, wo noch »Not am Mann oder am Kind« war. Er gab uns Tipps. Wir wurden »salonfähig«.

Nach eineinhalb Jahren verabschiedete mich der Memminger Oberbürgermeister persönlich mit einem Dankesbrief und einem Buchgeschenk im Rathaus.

Die »Schöpferische Pause« durfte ich als neues Geschäftsleitungsmitglied in der Leitung von nun fünf Kaufmärkten weiter praktizieren.

War Memmingen nun doch ein Glücksfall – ein Glücksmoment – also eine Kraftquelle für mich und viele Mitkämpfer/innen geworden?

Später, im 48-jährigen Berufsleben, hatte ich »Schöpferische Pausen« immer wieder dringend nötig. Es war sinnvoll, gleichsam aus dem »Adlerblick«, also aus einer höheren Meta-Ebene, Aufgaben und Situationen zu betrachten, Gesprächspartner und Weggefährten zu gewinnen.

In schöpferischen Pausen und aus der Erinnerung Kraftmomente zu tanken, erwies sich als hilfreich.

Eine folgenreiche Begegnung

Es war gar nicht so leicht, den Bergbauernsohn aus dem Bregenzer Wald zu treffen. Hermann Gmeiner war einmal in Asien, dann wieder in Afrika oder in Südamerika unterwegs. Auf einmal hieß es, morgen könne er kommen, ob ich Zeit hätte?

Ich hatte Zeit, und es wurden drei unvergessliche Stunden. Prof. Dr. Hermann Gmeiner kam nicht alleine, Helmut Kutin, Alexander Gabriel und andere, nun erwachsene Waisenkinder, begleiteten ihn.

Wir aßen zusammen Mittag. In den Erzählungen erstand für mich, als kleinen Lebensmittelkaufmann, eine andere, ferne Welt.

Hermann Gmeiner berichtete vom furchtbaren Vietnamkrieg und den vielen Waisenkindern, von denen er in Saigon, im weltgrößten SOS Kinderdorf, 650 Kinder mit einer neuen SOS-Mutter familiennah in Haus- und Dorfgemeinschaft versorgte. Geschwister dürfen zusammenbleiben.

Mit umgerechnet 40,00 DM in der Tasche begann er 1949 in Imst / Tirol sein weltweites Liebeswerk.

Ich fragte ihn: »Herr Professor, gibt es denn überhaupt noch ein Land dieser Erde, wo Sie nicht waren?«
  Nun dachte er einen Moment nach. In dieser Denkpause fragte ich ihn: »Waren Sie vielleicht noch nicht in Grönland?« »Das stimmt, da schicke ich Dich hin. Du gehst für mich nach Grönland. Du machst in Grönland ein SOS Kinderdorf. Hast Du mich verstanden?«

»Herr Professor, haben Sie denn kein wärmeres Land für mich? Mich friert doch sowieso immer!«

Beim Abschied auf dem Parkplatz sagte ich: »Herr Prof. Dr. Dr. Hermann Gmeiner, es war mir schon eine besondere Ehre, mit Ihnen drei Stunden plaudern zu können. Eine ganz andere, soziale Welt ist vor meinem Kaufmannsauge entstanden.«

Er sagte: »Hermann heiße ich für Dich.«

Ich stotterte etwas und sagte: »Wie, wie, wie meinen Sie das?«

»Stell dich nicht so an, Du hast mich schon verstanden, Hermann heiße ich für Dich.«

»Ja, wenn das so ist, dann bin ich der Georg.«

Wir gaben uns die Hände und schauten uns lange in die Augen. Damals wusste ich noch nicht, dass er ein Jahr später in die Ewigkeit hinübergehen würde und Helmut Kutin seine weltweite SOS Kinderdorf Nachfolge antritt.

Als im selben Jahr in Kolumbien der Vulkan Nevada del Ruiz in einer Novembernacht die Stadt Armero auslöschte, war für mich eine neue Situation gegeben.

Ich hatte die Ausrede mit der »Grönland-Kälte« nicht mehr. Ich fragte, ob ich 100.000 DM für ein SOS Familienhaus für Waisenkinder sammeln dürfe.

Als Verkaufsleiter einer Lebensmittel-Supermarktkette sprach ich mit Filialleitern und Mitarbeiter/innen. Wir entwickelten einen regelrechten Aktionsplan. Als wir an einem Wochenende bereits 100.000 DM gesammelt hatten, konnte und wollte ich nicht bremsen. Die Begeisterung war zu groß. Wir sammelten weiter, bis wir 250.000 DM für zwei Familienhäuser hatten.

Kuchenbackaktionen, Flohmärkte, Tombolas, Sammlungen, Luftballon-Wettfliegen, Dia-Vorträge, Patenschaftsaktionen hatten Mitarbeiter und Kunden begeistert.

Am 3. Oktober 1987 war nun die feierliche Einweihung von 16 SOS-Familienhäusern, einem Kindergarten, einem kleinen ärztlichen Zentrum und einer Ausbildungsstätte für handwerkliche Berufe in Ibagué / Kolumbien.

Voller Erwartungen flog ich in ein mir fremdes Land. Ich wollte die Waisenkinder, die Mütter, den Dorfleiter, die Häuser sehen.

Aber die Kinder hatten Angst vor mir. Sie liefen vor mir weg. Bäume und Häuser malen brachte keinen Erfolg. Auch Kinderspiele wie »Engelein flieg« brachten keinen Durchbruch. Ich sprach kein Spanisch. Mein Englisch war bescheiden. »Bayerisch« wurde zu meinem Nachteil leider nicht verstanden.

Da kam mir eine Idee. Ich zog mir eine Badehose an, nahm ein Badetuch und wollte zum nahe gelegenen Schwimmbecken gehen. Siehe da, zuerst kam nur ein Kind, die kleine schwarzhaarige Mercedes.
    Dann wurden es 30 Kinder.
    Nun kam meine »Aufnahmeprüfung«. Ein Kind hängte sich an meine Brust und eines an meinen Rücken.
    Ich musste im Schwimmbecken mit jedem Kinderpaar 30 Mal im Wasser hüpfen. Auf einmal hörte ich rufen: »Senor Jorge, Senor Jorge!« Ich schaute mich um. Ich musste gemeint sein. Ich hatte einen Namen bekommen und war in die SOS Kinderdorf Familie aufgenommen.

Wie ging es weiter? Ich wurde Pate für den Buben John Jairo Rios Ortiz mit monatlich 31,00 €, mit vielen Briefen, Fotos und kleinen Liebesgaben.

160 andere SOS Paten fühlen sich nun selber als Beschenkte.

Ich sammelte weiter 750.000 €. Viele Menschen aus allen Berufen unterstützen mich bis heute. Es entstanden SOS Familienhäuser in Hanoi / Vietnam und Zwickau / Sachsen, Siedlce / Polen, Skopje / Mazedonien, Dar Bouaza in Marokko und Benin / Westafrika.

Ich blieb Lebensmittelkaufmann, aber ich habe mein Herz für Waisenkinder entdeckt.

Was meinen Sie?

War dies nicht eine folgenreiche Begegnung mit Hermann Gmeiner?

Glückhafte Bergerlebnisse

Als Jugendlicher unternahm ich, während meiner Münchener Zeit, zusammen mit Freunden schon sehr gerne Wanderungen in den so genannten »Münchener Hausbergen«.

Das Bergbuch von Walter Pause löste Neugierde und manche Bergaktivität aus.

Die Tegernseer- und Schlierseer Berge waren, ebenso wie die Garmischer Berggipfel, bevorzugte Ziele.

Beim Abstieg vom Kramer Berggipfel (Garmisch) verleiteten uns Tierpfade und ein immer schmaler werdender Trampelpfad auf eine gefährliche falsche Fährte.

Der steil nach unten führende vermeintliche Abstiegspfad endete urplötzlich an einem Felsabsturz. An Latschen zogen mein Bergfreund Toni Lechermann und ich uns wieder bergwärts. Mit viel Kraftanstrengung schafften wir es, uns zum richtigen Abstiegsweg durchzuarbeiten.

Seitdem achte ich verstärkt auf Wegemarkierungen und meide vermeintliche Abkürzungen.

An manchem Sonntagabend bemerkte meine Mutter, wie glücklich ich von den Bergen zurück kam. Ich hatte nicht nur Farbe im Gesicht bekommen, die sportliche Leistung brachte meinen Bergfreunden und mir Glücksgefühle. Die klare Bergluft setzte Glückshormone – Endorphine – frei.

Ab einer gewissen Höhe merkte ich, dass die Bergluft anders war, dass andere Mikroorganismen, Symbionten mich beflügelten.

Je höher ich bei meinen Bergwanderungen stieg, desto kleiner wurden die Häuser und Menschen im Tal. Ebenso wurde mitunter manches Problem kleiner. Ich bekam im wahrsten Sinne des Wortes Abstand.

Als ich später Filialleiter und Vertriebsleiter für große Verbrauchermärkte war, suchte ich im Allgäu immer wieder alleine oder mit Bergfreunden neue Bergerlebnisse.

Im Lechtal waren wir zu zweit, an einem Samstag, ziemlich zeitig, fast alleine auf einem Berggipfel mit etwas über 2.000 m Höhe. Auf einmal vernahmen wir am Gipfel das »Tuckern« einer Schneehuhn-Mutter, welche gerade dabei war, ihre Küken vor uns zu verstecken. Sie stellten sich ganz starr wie tot, um von uns frühen Bergwanderern nicht entdeckt zu werden.

Die Gipfel-Brotzeit aus dem Rucksack schmeckte bei herrlichem Fernblicken auf unzählige Gipfel nach mehrstündigem Aufstieg mit Freunden besonders gut.

Wenn es natürlich eine bewirtschaftete Berghütte mit Aussichtsterrasse gab, schlug bei einer Hüttenbrotzeit (Vesper) unser Genießerherz höher.

Einmal verging mir im Tannheimer Tal allerdings die Brotzeitfreude in Gipfelnähe: Zuerst hatte nur ein großer schwarzer Kolkrabe Interesse an meiner Brotzeit. Es wurden aber immer mehr Kolkraben, welche lautstark ihren Fressanteil von mir forderten. Einer gegen so viele. Ich wählte die Talflucht als Ausweg.

Mit meinem Allgäuer Bergfreund Franz Lorenz durfte ich manche herrliche Bergtour im Lechtal und in den Allgäuer Alpen erleben. Er war langjähriges Bergwachtmitglied und sehr bergerfahren.

Der Mindelheimer Klettersteig, mit ihm zusammen, wird mir immer in Erinnerung bleiben. Aufkommender Nebel an den Eisenleitern verbarg uns steile Talabstürze. Seile, Hacken, Leitern, Steigeisen waren als Kletterhilfen vorhanden. Auf einmal stand ein echter Steinbock vor uns. Er war genauso überrascht wie wir zwei. Der Wind kam von seiner Seite, er hatte uns nicht gewittert.

Der Steinbock ist noch dazu mein Sternzeichen. Aus den italienischen Alpen waren einzelne Steinböcke nach Österreich und Bayern in schwindelnde Höhe gestiegen.

Mit Taschenlampenlicht schafften wir glückhaft den abendlichen Talrückmarsch zu unserem Auto.

Die Nachricht von der Überquerung des anspruchsvollen Mindelheimer Klettersteiges verschaffte mir einige Achtungs-Pluspunkte bei meinem Allgäuer Arbeitgeber und manchem Firmenkollegen.

Ein anderes glückhaftes Bergerlebnis war der Hindelanger Klettersteig in den Oberstdorfer Bergen.

An einem Freitagnachmittag machte ich mich mit zwei Bergfreunden vom Oberstdorfer Bahnhof mit Rucksack auf den Weg. Es war herrlicher Sommersonnenschein. Wir übernachteten auf der überfüllten Rappensee-Hütte. Das Wetter schlug plötzlich um, es schneite in der Nacht.

Das Schnarchen anderer Bergwanderer lies mich nur wenig schlafen. Nach einer spärlichen »Katzenwäsche« stapften wir früh morgens einen weiteren Berggipfel hinauf. Das Wetter klarte wieder auf, und wir schafften gemeinsam über Leitern und Grate den Weg zur Kemptener Berghütte, die wir als nächste Übernachtungsstation ausgewählt hatten. Zuvor erklommen wir den Gipfel der Mädelegabel mit 2.645 m.

Der Sonntag Abend sah uns wieder im Tal, nachdem wir noch ein paar andere Berggipfel »mitgenommen« hatten.

Wir hatten Sonne, Regen und Schnee auf einer dreitägigen Bergtour erlebt.

Früher ging ich mitunter sogar ganz alleine auf Bergtour, noch dazu ohne Handy-Ausrüstung. So unbesorgt bin ich heute nicht mehr.

Im Tannheimer Tal schaffte ich an einem Tag die drei Kletterberge Rote Flüh, Gimpel und Köllespitze. Ich war ziemlich stolz auf mich und erzählte es meinem damaligen Chef Hans Feneberg.
  Er sagte zu mir, das sei recht gut. Er habe seinen Fluggleitschirm alleine auf die Köllespitze getragen, um vom Gipfel aus einen Rundflug zu starten. Darauf wurde ich wieder ganz kleinlaut. Ich war doch froh, ohne schweren Gleitschirm den Gipfel zu schaffen. Er war einfach viel durchtrainierter als ich.

Ein besonderes Erlebnis waren meine Allgäu-Wanderungen mit meinem Schwager Tom aus Kopenhagen. Er konnte sich für die Bergnatur noch viel inniger begeistern als ich. Er fotografierte und verfasste unterwegs Gedichte und vergaß Zeit und Raum. Manchmal musste ich die einfallsreichsten Tricks anwenden, um vor Einbruch der Dunkelheit mit Tom zu unserem Auto im Tal zu gelangen.

Sicher werde ich den über 80 jährigen Schweizer Bergführer »Chi Chi«, welcher uns über den Morteratsch Gletscher führte, nicht mehr vergessen. »Wenn ich im Wassergraben gehe, geht Ihr einfach auch«. Er musste den aktuellen Gletscherweg immer wieder neu erkunden. Zuerst beobachtete er seine Berggruppe ein paar Hundert Meter genau. Ein Ehepaar schickte er wieder zur Bergstation zurück: »Ihr schafft das nicht. Das kann ich der Gruppe nicht antun.« Meine Frau und ich hatten Glück, er nahm uns gnädig mit zur Gletschertour.

Gute Gespräche, Bergblumen, verwitterte Bäume, wild zerklüftetes Gottesackerplateau beim Ifen im Kleinen Walsertal, einige Bergmessen mit dem Trientiner Bergsteigerchor »Choro Castion Faver«, grandiose Ausblicke vom Gornergrat aufs Matterhorn verhalfen meiner Frau und mir zu echten Kraftquellen.

Manche neue Zukunftsidee wurde bei Gesprächen mit meiner Frau, mit Familie Ulrich und Familie Dorn in den Allgäuer Bergen geboren.

Die praktische Prüfung als Projektmanager für den Fenepark mit Erfolg bestanden

18 Jahre war ich als Kaufmarktleiter und später als Vertriebsleiter für große und kleine Verbraucher- und Supermärkte bei Fa. Feneberg im Allgäu bereits aktiv. Ein neues Modell »Arbeitszeit nach Maß« hatte ich für Mitarbeiter erfolgreich einführen dürfen. Umwelt- und Sozialaktivitäten hatten dafür gesorgt, dass mir nie langweilig wurde.

Nun sollte eine neue technische und kaufmännische Herausforderung auf mich zukommen.

Nach Auffassung meines Chefs sei ich der richtige Mann, den neu geplanten Fenepark als bis dahin größtes Allgäuer Einkaufszentrum als Projekt-Manager zu gestalten.

Da ich kein gelernter Techniker oder Ingenieur war, fragte ich mich, ob diese Aufgabe nicht wirklich eine Nummer zu groß für mich sei.

Es galt für die drei Stockwerke und die 14.000 m² Verkaufsfläche und 20.000 m² Brutto-Nutzfläche geeignete Partner und Mieter zu finden. Ich gründete eine Werbegemeinschaft als GbR (Gesellschaft bürgerlichen Rechts), deren Geschäftsführer ich wurde.

Mit dem Gastronomie-Berater Charles Fessel und Frau Ida Ziltener als Farb- und Design-Beraterin gewannen wir exzellente Fachleute für die Planung und Vorbereitung.

Beide waren international aktive Schweizer.

Das Innsbrucker Bauplanungs-Unternehmen Achamer und Tritthart wurde unser Generalunternehmer. Ich setzte mich mit dem Marketingprofessor der Kemptener Hochschule ins Benehmen.

Die Allgäuer Zeitung musste für aktuelle Berichterstattung über die Baufortschritte gewonnen werden.

Am »lebenden Objekt« – es bestand ein sehr alter Kaufmarkt – wurde umgebaut. Presslufthammer, Staub, Lärm belästigten Kunden und Mitarbeiter über Wochen und Monate.

Der neue Fenepark, auf einer Kemptener Anhöhe im Gewerbegebiet gelegen, sollte die Gestalt einer Bergstation erhalten. Viel Glas und Metall wurden verwendet.

Ein Modell des geplanten Einkaufszentrums half mir bei den Vermietungsgesprächen.

Als »Vertreter der Bauherren« nahm ich täglich um 10:00 Uhr vormittags an den Baubesprechungen teil. Hier erfolgte die terminliche Abstimmung und das Hand in Hand – Arbeiten. Bis zu 17 verschiedene Gewerke waren mitunter mit ihren handwerklichen Vertretern anwesend. Mancher konnte nicht weiterarbeiten, weil die Vorarbeiten nicht termingerecht fertig wurden.

Nun gab es einen Handwerker, der war wohl immer der Langsamste und hielt alles auf. Er hatte eine besonders dicke Haut und blockierte durch seine mangelhaften Vorleistungen ganz besonders unseren knappen Zeitplan.

16 Baufachleute redeten auf ihn ein. Er blieb stur und

wollte sich nicht bewegen. Irgendwann musste er doch aktiv werden.

Ich erlebte als Nichttechniker und Händler diese täglichen Vormittags-Baubesprechungen ziemlich stressig. Oft wurden von mir wichtige Entscheidungen erwartet.

In der Mittagspause holte ich mir Kraft. Nach dem Essen ging ich ein paar Hundert Meter zu einer kleinen abgelegenen Kapelle. Hier meditierte ich und ordnete in einer kleinen »Schöpferischen Pause« wieder meine Gedanken und Prioritäten. Niemand vermutete mich hier.

Manchmal bat ich in dieser ruhigen Kapelle den »Obersten Chef« um die richtigen Tipps. Ich wurde mit guten Ideen belohnt. Wir konnten das geplante Budget von 22 Millionen DM und einem halben Jahr Bauzeit korrekt einhalten.

Der Innsbrucker General-Bauunternehmer meinte, unser Richtfest sei das schönste in einer Reihe vieler Richtfeste gewesen. Ich hatte in diesen Monaten unruhig geschlafen. Ich hatte nachts in Gedanken einfach weitergebaut. Sicher wäre es für mich besser gewesen, zuerst mit einem kleineren Projekt üben zu können. Aber ich konnte es mir nicht aussuchen.

Das Eröffnungswochenende rückte nahe.

Ich hatte meine Ansprache vor vielen geladenen Gästen und Honoratioren vorzubereiten.

Ich kaufte mir einen neuen Anzug und feilte an meiner Rede. Keine Unfälle, keine Verletzten – trotz Winterbaustelle.

Zehn mit Heißluft gefüllte Ballons mit Fahrgastkörben, die Ballonfahrten wurden unter den Kunden verlost, starteten in den Allgäuer Frühjahrshimmel.

Eine große Glückstombola für den LBV Landesbund für Vogelschutz erbrachte über 10.000 DM Reinerlös. Ein mehrmonatiges Werbe- und Imageprogramm lief an. Das Dachgeschoss mit Erlebnisgastronomie, einem kleinen Biotop und der damals größten begrünten Dachfläche im Allgäu bietet schöne Berg- und Stadtblicke. Im Freeflow System (freie Wahl) können sich die Gäste an den unterschiedlichsten Ess- und Trinkstationen ihre kulinarischen Wünsche erfüllen und in verschieden gestalteten Essbereichen genießen.

Viele neu gepflanzte Bäume auf dem Parkplatzgelände, das Dachgeschossbiotop sowie die mit Kemptener Stadtmotiven ausgemalte Tiefgarage bieten für 700 Autos eine begrünte Parkfläche getreu dem neuen Namen »Fenepark«.

Das Erdgeschoss präsentiert alles für den Lebensunterhalt, das 1. Obergeschoss alles für Kleidung und Hobby, das 2. Obergeschoss ist für Relax, Erholung, Essen und Genießen geeignet.

Das geglückte Fenepark-Projekt wurde für mich ein Erfolgs- und Kraft-Moment. Es war gleichzeitig mein beruflicher Allgäu-Abschied. Ende 1990 warteten nach Grenzöffnung und deutscher Wiedervereinigung neue Berufsherausforderungen auf mich an der Nahtstelle Hessen und Thüringen.

Ich durfte die deutsche Wiedervereinigung hautnah erleben. Als neues Vorstandsmitglied bei Fa. tegut… gute Lebensmittel konnte ich an vorderster Front mitgestalten und in verschiedenen Rollen dazu beitragen, dass sich dieses Unternehmen im Umsatz und somit in der Kundengunst verdreifachte.

Ich lernte, dass Glücks-Momente gestaltet und errungen werden wollen. Umso mehr Anstrengung nötig war, kann auch Freude über das Erreichte entstehen.

Wir dürfen die Freude nicht vergessen, da sie eine große Kraftquelle für uns Menschen ist.

Dies wusste auch unser großer Friedrich Schiller schon in seiner Ode an die Freude.

Ode an die Freude

Freude, schöner Götterfunken,
Tochter aus Elysium,
wir betreten freudetrunken,
Himmlische, dein Heiligtum.
Deine Zauber binden wieder,
was die Mode streng geteilt;
alle Menschen werden Brüder,
wo dein sanfter Flügel weilt.

Seid umschlungen, Millionen!
Diesen Kuss der ganzen Welt!
Brüder – überm Sternenzelt
muss ein lieber Vater wohnen.

Wem der große Wurf gelungen,
eines Freundes Freund zu sein,
wer ein holdes Weib errungen
mische seinen Jubel ein!
Ja – wer auch nur eine Seele
Sein nennt auf dem Erdenrund!
Und wer´s nie gekonnt, der stehle
weinend sich aus diesem Bund.

Freude heißt die starke Feder
in der ewigen Natur.
Freude, Freude treibt die Räder
In der großen Weltenuhr.
Blumen lockt sie aus den Keimen,
Sonnen aus dem Firmament,
Sphären rollt sie in den Räumen,
die des Sehers Rohr nicht kennt.

Von Friedrich Schiller 1759-1805
Auszug aus der »Ode an die Freude«

Afrikanische Glücksmomente als neue Kraftmomente

Im Frühjahr 1990 zeichnete sich ab, dass mein Projekt-Management für den neuen Fenepark in Kempten erfolgreich sein wird. Eine neue Berufsaufgabe in Fulda / Hessen wartete auf mich.

Eine kenianische Fotosafari mit Flugzeug und Jeep im Massai Mara Nationalpark würden meiner Frau und mir neue Kraft geben.

Beim »early morning drive« um 5:00 Uhr früh erlebten wir vom Jeep aus vor dem Sonnenaufgang »Natur pur«. Löwen jagten eine Antilopenherde. Warzenschweine verkrochen sich rückwärts in ihre Erdhöhlen.

Wir beobachteten den Giraffen-Kindergarten. Ein paar Giraffenmütter bewachten die im Kreis miteinander spielenden Giraffenkinder. Giraffen schlafen auch im Stehen. Ihr Kreislauf würde beim Hinlegen zu lange brauchen, um sich vor Angreifern mit gezielten Fußschwüngen zu verteidigen.

Einem Elefanten sind wir mit dem Jeep zu nahe gekommen. Er stellte seine watscheligen Ohren plötzlich ganz breit, posaunte kräftig und stürmte mit seinen Stoßzähnen angriffslustig auf unseren Jeep, um ihn vielleicht umzuwerfen.

Blitzschnell schaltete unser Jeepfahrer in den Rückwärtsgang. Ich stand gerade im Jeep zum Fotografieren bereit. Ich stürzte und prellte mir die Rippen.

Wir übernachteten, in einem Tag und Nacht bewachten Runddorf, in einfachen Hütten.

Tiere lassen sich vor Sonnenaufgang und abends in der Dämmerung am besten beobachten.

Wir erlebten, wie es eine Riesenschildkröte genoss, als ich sie an ihrem Hals liebevoll streichelte und kraulte. Ihr Hals wurde immer länger und streckte sich mir entgegen.

Wir verbrachten noch eine Woche Badeurlaub am kenianischen Ufer des Indischen Ozeans bei Mombasa. Ein einheimischer Einbaum-Ruderbootfahrer brachte uns ein Stück meerwärts zu einer Korallenbank.

Wir schnorchelten und erlebten eine für uns bis dahin fremde, äußerst farbenprächtige Unterwasserwelt. Ein etwa 30 cm langer Fisch stand wie ein Ausrufezeichen aufrecht im Wasser. Sein Kopf verdrehte sich um seine eigene Achse. Geradezu fragend sah er uns an: »Was sucht Ihr hier in meinem Wasserreich?«

Als wir barfuß am Sandstrand entlang wanderten, gab mir meine Frau liebevoll die Hand. Wir waren beide glücklich. Wir schnorchelten noch öfter.

Es gab Ebbe und Flut. Bei Ebbe tauchten verschiedene Sandbänke und dazwischen unterschiedlich tiefe Wasserpriele auf. Mit einem einheimischen Führer suchten wir die richtigen Wasserpfade. Ziemlich schnell kann die zurückkehrende Flut den Rückweg äußerst gefahrvoll gestalten. Wenn das Wasser wiederkommt, trauen sich die Muränen – bissige Wasserschlangen – wieder aus ihren Löchern. Die Einheimischen kennen die Gefahren und springen eilends.

Zwischen den Sandbänken gibt es kleine Seen, angefüllt mit einer Traumwelt von Wasserbewohnern. Sie kamen uns wie prächtige, kleine Naturaquarien vor.

Einmal hat sich auf unserer Uferliegewiese ein etwa ein Meter langer Waran verlaufen. Als er uns entdeckte, verschwand er, Schutz suchend, eilends in seinem Fluchtloch.

Wir erlebten Tänze der eingeborenen Massai-Krieger. Barfuß können sie im Gänsemarsch weite Buschstrecken von Dorf zu Dorf zurücklegen.
Da sie aus dem Stand sehr hoch springen können, nannten meine Frau und ich sie »die Hüpferer« – aber voller Respekt.

Durch viele Natur- und Tierbeobachtungserlebnisse freudig gestärkt, brachte uns ein Flugzeug an dem Gipfel des Kilimandscharo (5.895 m hoch) vorbei zurück ins heimische Deutschland.

Diese Zeilen habe ich 17 Jahre später aus der Erinnerung notiert.

Manche Glücksmomente waren noch wie gestern lebendig. Viele Jahre später wurden diese Glücksmomente, nach meinem Glatteissturz, im Krankenhaus zu Kraftmomenten für eine baldige Genesung.

Deutsche Wiedervereinigung hautnah erlebt an der Nahtstelle Hessen / Thüringen

Am 31. Oktober 1990 ging ich kurz vor Einbruch der Dunkelheit durch die Fuldaer Fußgängerzone. In der Nähe der Heiliggeist-Kirche war gerade ein älterer Herr dabei, die Kirche abzusperren. Ohne dass ich etwas gesagt hatte, fragte er mich, ob ich vielleicht die Kirche besuchen wollte. Ich war über das freundliche Angebot überrascht. Er sperrte mir die Kirche wieder auf, schaltete die Innenbeleuchtung ein und ließ mich wissen, ich könne mir Zeit lassen.

Dieser freundliche Akt, einem Fremdling gegenüber, sollte mir zeigen, dass mir auch später in Fulda viele Türen geöffnet werden.

Interessanterweise habe ich bei späteren Besuchen diesen freundlichen, älteren Türöffner nie mehr erblickt.

Ich hatte diese kirchliche Türöffnung am Abend meines neuen Dienstantrittes als tegut…-Geschäftsleitungsmitglied als positives Signal freudig aufgenommen.

Ganz besonders neugierig war ich auf die nun mögliche Grenzüberquerung in die ehemalige DDR.

Eisenach und Erfurt sowie Weimar übten eine geheimnisvolle Anziehungskraft auf mich aus. Auf Standortsuche für einen neuen tegut… –Verbrauchermarkt besuchte ich erstmals im November 1990 Erfurt.
   Es war ein grauer, trüber Tag mit tief hängenden Wolken. Alles roch nach Kohlenheizung und Trabbi-Benzin. Das

Wetter war grau und farblos, niederdrückend wie fast alle Häuserfassaden.

Als mein Kollege und ich das erste Mal vor der Freitreppe zum Erfurter Dom und zur St. Severikirche standen, empfanden wir eine große Freude.

Viele Autofahrten wurden in den Jahren 1991 / 1992 / 1993 zu manchmal abenteuerlichen Entdeckungs-Suchfahrten.

Wir tankten in Fulda unseren Auto-Tank randvoll, da die Warteschlangen an den vorerst sehr wenigen Tankstellen ungeheuer lang waren. Manches Schlagloch kam ohne Vorankündigung.

Langsam gab es Eduscho und Tchibo Stehcafés mit süßen Gebäckteilchen. Für meinen Kollegen Georg May und mich waren diese Stehcafés erfreuliche Pausenstationen.

Verwertbare Gasthäuser und Speiselokale gab es anfangs fast überhaupt nicht. Wir nahmen uns Obst und Mineralwasserflaschen mit.

Bei Inversionswetterlage konnten in den ersten Jahren die Kohlen- und Trabbi-Abgase nicht abziehen. Nach so einem Tag spürte ich abends, wie Nase und Lunge belegt waren.

Die meisten Stadtpläne waren schlicht und einfach veraltet und nicht zielführend. Fragen nach dem richtigen Weg konnten Einheimische mitunter nur mangelhaft beantworten. Autofahrten waren für viele DDR–Bürger nicht erwünscht.

Die Eröffnung unseres ersten großen neuen Verbrauchermarktes in Mühlhausen / Thüringen wurde für uns alle ein großes Erlebnis.

Wir waren von den Kunden gewünscht und dringend erwartet. Die Einkaufswagen waren viel zu wenige. Eine
mehrreihige Kundenschlange wartete mit gelernter DDR–
Gewohnheit lange Zeit ganz geduldig im Freien, an einem
Dezembertag 1992, bis jeder Kunde einen Einkaufswagen
in den Händen hielt.

Ich beobachtete die große Lern- und Einsatzbereitschaft
unserer Thüringer tegut… Mitarbeiterinnen.

Es gab unendliche Straßenumleitungen, Baustellen, Reno-
vierungen. Zuerst wurden alle Dächer neu eingedeckt. Es
war wohl dringend nötig. Dann kamen die neuen Fenster
dran. Die Häuserfassaden erhielten neue Farbe. Monat für
Monat gab es neue Renovierungs-Farberlebnisse für mich
als West-Ostbesucher. Blumenbeete und Balkonkästen
wurden liebevoll bepflanzt. In vielen Städten und Dörfern
herrschte Aufbruchstimmung in eine neue freie Welt.

Tief beeindruckte mich der alte Weimarer Friedhof mit
vielen alten Grabdenkmälern, einer russisch-orthodoxen
Gedächtniskirche und die Fürstengruft.
   Durch eine Treppe im Inneren dieses Grabtempels ge-
langte ich zu den zwei Särgen.
   Jeweils nur ein Name ziert die Stirnseite der Sarko-
phage:

Schiller – Goethe

Mehr war nicht nötig für die deutschen Dichterfürsten,
welche Weimar weltbekannt machten.

Ich erlebte, wie ich mich kindlich über großartige Markt-

plätze, Rathäuser, Kirchen und bunte Natur- und Kultur-
landschaften freute.

Ich durfte beim Umbruch und Aufbruch hautnah dabei
sein. Ein Erlebnis, welches ich in meinem Berufsleben auf
keinen Fall vermissen möchte.

Dem geistigen Kind einen Namen geben

In diesem Kapitel berichte ich von unseren gemeinsamen Anstrengungen im Team der Arbeitsgemeinschaft der Firma tegut… gute Lebensmittel, eine »unverwechselbare Marke« im Lebensmittelhandel zu werden.

Ich wollte, in meinem Beruf als leitender Lebensmittelkaufmann, als Ziel ein »Weimar im Handel« anstreben.

Weimar war nie, von der Menge der Einwohner her betrachtet, eine große Stadt. Goethe und Schiller, wie auch Herder und andere Dichter und Persönlichkeiten wie Kurfürstin Amalie, verbreiteten den positiven Ruf Weimars weltweit.

Somit schien mir auch ein Qualitätswachstum entscheidender als ein Quantitätswachstum. Ein Qualitätswachstum kann nur von freudig gestimmten Menschen voran getragen werden.

»Nur gut informierte Mitarbeiter sind auch gut motivierte Mitarbeiter.«

Dieser einfache Satz sagte mir und meinen Mitarbeitern und Mitarbeiterinnen, wie wichtig das strukturierte und regelmäßige Gespräch ist.

Es musste eine Besprechungskultur aufgebaut werden. Wer spricht wann mit wem in welcher Form über welche Themen?

Das »Wozu« einer Unternehmung, also die Sinnfrage, durfte für mündige mitdenkende Mitarbeiter nicht vergessen oder unterschlagen werden. Bei der Vorgehensweise des »entdeckenden Lernens« ist die Zielnennung und Zielvereinbarung unumgänglich.

Bei der Besprechungsvorbereitung ist zu klären, bei welchen Punkten welcher Part von den Teilnehmern erwartet wird: Mitwissen, Miturteilen oder sogar Mitentscheiden.

Wer schreibt das Ergebnisprotokoll?
Der Besprechungsrückblick sollte enthalten:
- Was war neu?
- Was hat sich bestätigt?
- Was lernen wir daraus?
- Wer hat bei welchen künftigen Aufgaben den »Hut auf«, wer übernimmt die Verantwortung für den Prozess zur Zielerreichung?

Bei meinen morgendlichen Turnübungen überlegte ich vor einigen Jahren, welchen positiven Satz ich am Abschluss einer Mitarbeiterversammlung sagen sollte.

Ein Satz fiel mir ein:
In unserer Arbeitsgemeinschaft wollen wir:
- mehr miteinander
- weniger nebeneinander
- schon gar nicht gegeneinander
- im Grunde füreinander.

Sehr wohl merkten wir mit den Jahren, dass sich der Satz als Ideal gut anhört, die Praxis aber ganz schön herausfordernd ist.

Uns beschäftigte immer wieder die Frage:
Wer ist unser Arbeitgeber?

Unser Kunde ist letztendlich unser Arbeitgeber. Mit seiner Akzeptanz bestimmt er den Wert unserer Leistungen.
Wir sagten uns immer wieder:

Wir wollen dem Kunden dienen und dadurch verdienen.

Als Lebensmittelkaufleute wollen wir dem Kunden »kompromisslose Frische und Sauberkeit« bieten.

Wir reagieren mit dem »Frischevorgriff« bei Dispositionsfehlern, ungünstigem Wetter, zu hohem Warenbestand rechtzeitig vor einem Warentotalverlust.

Respekt und Achtung vor unseren Lebensmitteln als »Mittel zum Leben« regte uns an, keine Lebensmittel direkt auf dem Fußboden zu lagern. Ein Podest, eine Palette, ein Tisch »erhob« die Ware.
Keine Ware werfen – zum Beispiel an der Kasse.

Wir merkten auch, dass es der Satz »Wir haben nichts zu verbergen« wahrlich in sich birgt. Ich meinte damit natürlich nicht, dass wir Geschäftsgeheimnisse gedankenlos ausplaudern sollten. Wir wollen mit Offenheit und Transparenz Glaubwürdigkeit signalisieren.

Keine Mauscheleien, keine Betrügereien, sondern Ehrlichkeit innerhalb und außerhalb der Arbeitsgemeinschaft muss überzeugen.

Einer unserer Leitsätze lautet:
»Wir wollen den hohen Wert des Verkaufsberufes im Lebensmitteleinzelhandel (LEH) herausstellen und das Berufsbild attraktiver gestalten.«

Wir entwickelten also elf Ernährungslehre-Programme für Verkaufsmitarbeiter/innen.

Würde das Lernen einzeln oder in Lerngruppen in der Freizeit angenommen werden?

Wir verkündeten die Idee einer tegut... Bildungsnadel in Silber, Gold und Gold mit Brillant.

Es galt, »Bildungspunkte« zu sammeln. Ja, wir sprachen auch den »Sammlertrieb« des Menschen an.

Fachleute vom Gottlieb Duttweiler Institut in Zürich fragten mich, ob es für erfolgreiche Absolventen nach der schriftlichen Prüfung eine Gehaltserhöhung, Sonderurlaub oder eine Beförderung geben würde.

Als ich dies verneinte, wurde ich nach dem Preis so einer »tegut... Bildungsnadel« befragt. Da der Preis einer Silber-Bildungsnadel nur 12,50 DM betrug, erfuhr ich, dass ich ein Idealist sei.

Ich bedankte mich für den Hinweis!

Nun haben viele tausend tegut... Mitarbeiter/innen nicht nur Ernährungslehre-, sondern Bio-, Molkereiprodukte-, Obst- und Gemüse-, Wein- und weitere tegut... Selbstlernprogramme eifrig studiert.

Der Firmenchef überreicht jährlich bei einem festlichen Essen persönlich die tegut... Bildungsnadeln. Ein Gruppenfoto in der tegut... Zeitung und in der regionalen Presse ehrt die erfolgreichen Absolventen.

Es bestätigte sich wieder einmal:

»Gut informierte Mitarbeiter sind auch gut motivierte Mitarbeiter«.

Die Wertschätzung für Lebensmittel als »Mittel zum Leben« stieg gleichzeitig mit dem Fachwissen und dem ernährungsphysikalischen Nutzen. Wenn wir wissen, dass eine Kartoffel elf Vitamine und 15 Mineralstoffe besitzt, steigt ebenso die Achtung für eine Kartoffel.

Die Verkäuferin empfahl nicht mehr nur das billigste Sonderangebot, sondern konnte ihren Kunden von dem schmackhaften BIO Produkt aus eigener Überzeugung berichten. Fachkundige Verkäuferinnen erhielten auch von ihren Kunden mehr Wertschätzung.

»Lernmomente« in Postkartengröße wurden in Stehungen in kleinen Gruppen von Mitarbeitern für Mitarbeiter vermittelt.

Notwendiges Firmen-Praxiswissen enthielten diese Lernmomente. Sie erinnerten manchen Mitarbeiter an konzentrierte Spickzettel aus der Schulzeit. CBT Computer Based Training war ein weiteres modernes Medium, Tegutianer geistig fit zu machen.

Die Wissens- und Kenntnisvermittlung – auch in speziellen Förderkreisen – war und ist sicher ein Kardinal-Baustein, den hohen Wert des Verkaufsberufs darzustellen.

Ein vielfältiges Warensortiment mit einem wachsenden tegut… Eigenmarkensortiment, einem pionierhaften breiten BIO-Sortiment, Brot, Fleisch und Wurst aus eigener Fertigung sind der nächste Baustein zum tegut… Fachmarkt für Lebensmittel.
Ein wertvolles umfassendes Lebensmittelsortiment mit Discount-, BIO- und Diätartikeln und vielen Alternativen zur Auswahl erfordert eine besondere Präsentation.

Wir gestalteten gerne in der Mitte unserer neuen Märkte einen Marktplatz wie in Siena oder Bologna mit Obst/Gemüse, Eiern und viel Frische.

Die Lebensmittel-Fachmärkte räumen wir nach dem Tagesablauf ein. Zuerst im Rechtskundenlauf alle Waren für das Frühstück, dann alle Artikel für das Mittagessen. Nun folgt in der Regel die so genannte Nonfood-Blase mit Drogerie- und begrenztem Haushaltswaren-Sortiment.
Zum Abschluss folgt die Abendgruppe, gleichsam als Belohnungsgruppe für einen guten Tag. Diese umfasst Süßwaren, Wein, Spirituosen, Getränke usw.

Wir streben eine Wohlfühl-Atmosphäre für Kunden und Mitarbeiter in hellen, lichten Märkten mit möglichst viel Tageslicht und breiten Gängen an.

Wo möglich, schufen wir breite, einladende Glasfronten nach dem Motto:
»Wir haben nichts zu verbergen.«

Die Warenplatzierung in unseren tegut… Lebensmittel-Fachmärkten beachtet die Maximen: Geschmackslogik, Verwendungslogik und Aufbewahrungslogik. Essig neben Wein platziert, stört gleich alle drei Platzierungslogiken.

Eine ansprechende Architektur und Gestaltung unserer Märkte wirkt sich aufwertend und wertig auf den Einkaufs- und Arbeitsplatz für Kunden und tegut… Mitarbeiter aus.

Dies alles können Beiträge zur Aufwertung unseres Lebensmittel-Einzelhandels-Berufsbildes und zur Gestaltung der »unverwechselbaren Marke tegut…« sein.

50

Zwischenbilanz im Krankenbett

Zur Eröffnung der »Grünen Woche« in Berlin durfte ich im Januar 2002 vor 320 Metzgern und Obermetzgern einen Vortrag über »Offenheit, Transparenz und Ehrlichkeit« – und die von mir gegründete internationale »Interessengemeinschaft FÜR gesunde Lebensmittel« (kurz IG FÜR…) halten.

Am darauf folgenden Januar-Samstag stürzte ich auf dem Weg zur U-Bahnstation in Berlin auf Glatteis. Ich konnte vor Schmerz nicht mehr aufstehen. Ich war auf meinen rechten Oberschenkel gefallen.
    In der rechten Hosentasche waren für die U-Bahn einige neue Euromünzen.
    Im Berliner St. Josefs Krankenhaus stellten die Ärzte einen Oberschenkelsplitterbruch fest. Die prall gefüllte Euro-Geldbörse hatte an der Sturzstelle eine Hebelwirkung ausgelöst.
    Ich wurde sozusagen ein Euroopfer.

Nach erfolgreicher Operation lernte ich in der Kurklinik Enzenberg am Hopfensee wieder das Gelenkigwerden.
    Im Rollstuhl zu sitzen und später mit zwei Gehhilfen wieder gehen zu lernen, wurde eine neue Lebenserfahrung für mich.

Unter fachlicher Anleitung übte ich mich nun in Seidenmalerei. Der Blick aus dem Balkonfenster meines Krankenzimmers auf den malerisch gelegenen Hopfensee mit den Allgäuer Bergen Aggenstein und Breitenberg beflügelten mich zum Malen eines Aquarells. Ich las über das römische Weltreich und seine Kunst und Kultur. Ich nahm an Musikabenden und Diavorträgen teil. Eine sehr nette Tischgemeinschaft im Speisesaal sorgte nicht nur dafür, dass mir das Essen vorzüglich mundete. Aus meiner 20-jährigen Allgäuer Berufszeit kannte ich manchen lieben Besucher.

Ich war nicht alleine.

Nachts schmerzte mich der rechte Oberschenkel. Ich konnte nur auf dem Rücken liegen. Falsche Bewegungen ließen mich wieder wach werden.

So unternahm ich um 1:00 Uhr und um 3:00 Uhr nachts jeweils eine »geistige Weltreise«.

Ich suchte mir in meiner Phantasie die schönsten Glücksmomente meines Lebens aus. Ich vertiefte mich in die Erinnerung. Ich fühlte, dass Glücksmomente ebenso starke Kraftmomente sein können.

Auf einmal lächelte ich im nächtlichen Krankenlager vor mich hin.

Ich dachte an vier Jahrzehnte glückliche Erlebnisse und Erfahrungen mit meiner Ehefrau, unsere beiden Töchter, an die Enkelkinder, an Reisen in die fünf Erdteile, an erfolgreich bestandene Berufs- und Lebensaufgaben, an das »Wiederaufstehen« nach Niederlagen.

Ich dachte intensiv an Begegnungen mit vielen interessanten Menschen. Ich merkte: »Alles wirkliche Leben ist Begegnung.« –

Der schon legendäre Prof. Dr. Hermann Gmeiner, Gründer der SOS Kinderdörfer, stand wieder vor meinem geistigen Auge.

Auf einmal war ich in Gedanken bei der feierlichen Einweihung des SOS Kinderdorfes Ibagué in Kolumbien. Mein Patenkind John Jairo Rios Ortiz saß auf meinem Schoß – so wie damals.

Trotz der Wundschmerzen kam wiederholt ein freudiges Lächeln auf mein Gesicht. Ich hatte meine bisherige Lebenszeit nicht verträumt, nicht verschlafen.

Ich zog Zwischenbilanz in meinem Leben. Was werde ich noch gestalten dürfen in meiner persönlichen »Restlaufzeit« bis zur Erreichung des Enddatums meines Lebens?

Manchmal stand ich damals schon um 5:00 Uhr früh auf. Die persönliche Körperpflege dauerte wegen meiner Bruchfolgen länger.
 Vor dem Frühstück schrieb ich schon die ersten Briefe und überlegte, was ich mit der mir noch geschenkten Erdenzeit Positives unternehmen darf.

Die persönliche Zwischenbilanz wurde zum Lebensrückblick – was konnte ich daraus für meine Zukunft lernen?

Vielleicht gerade wegen meiner körperlichen Zwangspause durfte ich eine neue »Schöpferische Pause« erleben.

Mein Geist und meine Seele waren auf Weltreise.

Die innere Stimme beim Minister-Abschieds-Gottesdienst

Am Samstagvormittag, den 6. Dezember 2003, fand in der Kemptener Heimatkirche der feierliche Begräbnisgottesdienst für Ignaz Kiechle, Bundesminister a. D. und IG FÜR... Schirmherr statt.

Viel politische Prominenz war anwesend. Ministerpräsident Edmund Stoiber sagte: »Wir verlieren einen Politiker von altem Schrot und Korn.« –
Die Allgäuer Zeitung schrieb: »Er sagte vor der Wahl das gleiche wie nach der Wahl.«

Beim Friedensgruß gab mir Bauernpräsident Gerd Sonnleitner die Hand.

Der vom christlichen Auferstehungsgedanken geprägte Abschiedsgottesdienst strahlte eigene positive Feierlichkeit aus.

Gleichsam war vor meinem geistigen Auge auf einmal der Auftrag, ich solle ein Büchlein mit dem Titel »Begegnungen« schreiben. »Alles wirkliche Leben ist Begegnung« soll der Untertitel lauten. Ich hatte das Glück, so vielen interessanten Menschen begegnen zu dürfen. Dieses Glück weiterzugeben, sei meine Aufgabe.

Minister Ignaz Kiechle hatte mich 20 Jahre ideell und finanziell für meine SOS Kinderdorf-Aktivitäten und die von mir gegründete IG FÜR... unterstützt.

Meine Frau meinte allerdings, außer uns beiden würde das Büchlein wohl niemand lesen.

Mein Juniorchef sagte: »Vielleicht kauft es wer, aber ob es gelesen wird, steht auf einem anderen Blatt.« –

Es lies mir innerlich keine Ruhe mehr. Da ich noch voll berufstätig war, schrieb ich abends zwischen 22:00 Uhr und 23:00 Uhr immer einige »Begegnungstexte«, bis ich 100 Seiten verfasst hatte.

Natürlich durften meine Begegnungen mit Bundesminister Ignaz Kiechle, SOS Kinderdorfgründer Prof. Dr. Hermann Gmeiner, dem Extrembergsteiger Reinhold Messner, HIS HOLINESS the Dalai Lama, aber auch mit dem 80-jährigen, sehr aktiven MLF Geschäftsführer Rudi Holterman nicht fehlen (MLF = Mittelständische Lebensmittel Filialbetriebe).

Kaufleute spendeten mir insgesamt 4.000 € für die Druckkosten des Buches. Ein Dutzend »Begegnungsfotos« ergänzen das Büchlein.

Da der Erlös nicht für mich persönlich bestimmt war, sondern für die von mir gegründete internationale IG FÜR gesunde Lebensmittel e.V., gaben die meisten Käufer statt 7,90 € sogar 10,00 € als Spende.

Mit dem Büchlein möchte ich Menschen Mut machen, auf andere Menschen zuzugehen.
Es ist wichtig, gute Kräfte zu stärken, positive Initiativen zu unterstützen oder selber bestimmte Initiativen zum Gemeinwohl zu ergreifen.
Da ich die meisten Bücher selber vermarktet habe, erhielt

ich viele persönliche Rückmeldungen. Eine Frau berichtete mir, ihr Mann sei nach dem Tod seines Sohnes schwermütig geworden. Teilnahmslos säße er zu Hause in seinem Rollstuhl. Lesen mochte er auch nicht. Sie gab ihm mein Büchlein »Begegnungen«. Er las es und lächelte wieder.

Ein Vorstandsmitglied der Ethikbank, eine Dame, hatte einen Sportunfall, bei dem ihr linker Ellenbogen zertrümmert wurde. Der Arzt meinte, es würde ein gewisser Schaden bleiben. Diese junge Frau war daraufhin ganz kleinlaut. Sie meinte, dass sie »mit Hut nur wenige Zentimeter groß war in diesem Zustand«.
Ihr Chef, der Ethikbank-Vorstandsvorsitzende, gab ihr mein Büchlein. Sie begann zu lesen und übersah zeitlich ihren nächsten Arzttermin. Sie gewann wieder Mut, was infolge ihrem Genesungsprozess half.

Ich besuchte einen über 80-jährigen ehemaligen Opelmanager in seiner Eigentumswohnung. Er war blind, erkannte mich aber an meiner Stimme wieder. Naiv sagte ich zu ihm: »Oh, welch schönen Blick haben Sie aus Ihrem Fenster zum Isartal.« Kaum gesagt, wurde mir bewusst, dass er diesen Blick ja länger schon nicht mehr in Wirklichkeit genießen konnte. Es war mir peinlich. Wir sprachen über vergangene Erlebnisse und mein neues Büchlein »Begegnungen«. Er griff gezielt in einem Schrank nach seiner Geldbörse, nahm 10 € als Spende heraus und erwarb mein Lesebuch. Ich war verblüfft. Er erklärte mir, dass seine Lebensgefährtin ihm das Buch vorlesen wird. Einem Blinden mein Buch zu verkaufen, war mir eine neue Erfahrung.

Ich schickte mein Büchlein Papst Benedikt XVI, zusammen mit BIO Salami und Schinken aus dem Rhöner Biosphären-Reservat. Ich bat um apostolischen Segen aus Rom für alle tegut... Mitarbeiter und IG FÜR... Mitglieder. Nach etwa vier Wochen traf von seinem Sekretär Monsignore Caccio der Apostolische Segen per Brief in Fulda ein.

Herr Erivan Haub, Familien-Oberhaupt sowie Tengelmann- und Kaisers Lebensmittelmärkte-Inhaber, schickte mir einen 2-Seiten Brief und einen »dicken Spendenscheck«. Er habe mein Büchlein mit großem Interesse gelesen.

Bischöfe, Minister und andere Buchleser antworteten mir. Nun gibt es die dritte, erweiterte Auflage mit 120 Seiten.

Ja, es stellten sich wieder einige Glücksmomente, auch bei Buchlesungen in Schulen, bei mir ein. Ich denke, es sind wieder Kraftmomente.

Meditation am Heiligen Fluss Ganges

Im Februar des Jahres 2004 unternahmen meine Frau und ich eine mehrwöchige Studienreise durch Nordindien.

Wir begegneten hierbei dem umfassend gebildeten Hindu und Magister Jayanta P. Bhattacharya. Er war unser Reiseleiter.

Es war für mich beeindruckend zu sehen, wie selbstverständlich die religiösen Werte tatsächlich überall im Lande gelebt werden. Das beginnt im Alltag bei der morgendlichen Meditation mit Räucherstäbchen und Verneigung, mit Blumenspenden, Tempelbesuchen und reicht bis zu den rituellen Bädern in den heiligen Flüssen Yamuna und Ganges (Mater Ganga), die im Himalaya, dem Wohnsitz des Gottes Shiva, entspringen.

Die Flusstradition ist über 4.000 Jahre alt. Bei den rituellen Festen werden tausende von Lichtern entzündet, die dann schwimmend den Strom hinab gleiten. Die drei höchsten hinduistischen Götter, Brahma, der Weltenschöpfer, Vishnu, der Weltenerhalter und Shiva, der Weltenzerstörer, sind in der »Trimurti«, einer Dreieinigkeit, verbunden.

Varanasi (früher Benares genannt) am Ganges war auch unsere Übernachtungsstation.

Nach Einbruch der Dunkelheit brachte uns unser Reisebus zum Heiligen Fluss.

Mit einer kleinen Besuchergruppe bestiegen wir ein Ruderboot. Vorher hatten wir kleine Wachsopfergaben erworben.

Diese kleinen handgefertigten Lichter werden entzündet und von Pilgern in großer Anzahl dem Heiligen Fluss anvertraut.

Diese schwimmenden Lichter tragen zu einer festlichen Stimmung bei.

Am Boots-Landungssteg befindet sich ein Altar. Junge, in liturgische Gewänder gekleidete Männer vollziehen mit vielen Verbeugungen, in die vier Himmelsrichtungen gewandt, Feuer- und Wasseropfer.

An den Ufern des Ganges loderten auch in dieser Nacht rituelle Feuer. Die Toten werden an den Ufern des heiligen Flusses rituell verbrannt. Der älteste Sohn, weiß gekleidet und die Haare kurz geschoren, entzündet in Kopfhöhe des Toten das Feuer, das etwa sechs Stunden brennt und dessen Asche dem Fluss übergeben wird.

Religiöse Gesänge, lodernde Totenverbrennungsfeuer, auf dem Ganges schwimmende kleine Wachslichter, leise gleitende Pilgerboote berührten mein Herz und meine Seele. Ich begann zu meditieren. Ich vertraute dem »obersten Chef« alle meine Lieben an.

Jeweils drei Mal nannte ich in Gedanken die Vornamen und Familiennamen meiner Verwandten, Bekannten, Kolleginnen und Kollegen. Diese besonders innige Fluss-Meditationsstunde verging viel zu schnell.

Noch bei Dunkelheit waren wir am nächsten Tag wieder am Ganges. Große Hindu-Pilgerscharen waren schon am Flussufer. Zur Reinigung und Läuterung tauchen die Pilger in den »heiligen Stunden vor dem Sonnenaufgang« viermal in das Wasser des Heiligen Flusses ein. Einmal zur eigenen Läuterung, einmal im Gedächtnis des eigenen Lehrers, einmal für den Nachbarn, einmal für die Freunde.

Den Hindus, die in ihrer Religion eine spirituelle Verbindung zu Ihren Vorfahren pflegen und ihr Leben als eine Vorbereitung und Läuterung für den Tod und die »Wiedergeburt« begreifen, gilt es als eine besondere Gnade, in Varanasi am heiligen Fluss Ganges zu sterben.

Bei Sonnenaufgang besuchten meine Frau und ich einen der im rituellen Hindu-Dienst aktiven jungen Männer. In Englisch trugen wir unseren Gebetswunsch in ein dafür vorgesehenes Buch und wurden mit Gangeswasser gesegnet.

Anschließend besuchten wir einen wichtigen Hindutempel in der Altstadt.

Für Millionen Hindus ist Varanasi die würdige Abschiedsstation von dieser Erde und vor ihrer Wiedergeburt.

Ich werde diese nächtliche intensive Meditationsstunde im Boot, vorbei an den lodernden Totenfeuern, sicher nicht vergessen.

Der Weg ist auch das Ziel

Santiago de Compostela rief.

Den Franziskanerpater Adalbert vom Fuldaer Frauenberg als theologischen Reisebetreuer kannten meine Frau und ich schon von einer Pilgerfahrt im Jahre 2000 durchs Heilige Land sowie von einer Reise auf den Spuren des Apostels Paulus im Jahre 2002 durch Griechenland.

2005 führte uns eine dreiwöchige Pilgerfahrt durch Südfrankreich über die Pyrenäen durch Nordspanien zum Grab des Apostels Jakobus.

Auf uralten Pilgerwegen gab es viele altehrwürdige Kirchen, Klöster, Pilgerheime, Wegkreuze und kulturhistorische Städte zu besuchen. Landschaftlich besonders interessante Wegabschnitte wanderten wir, besonders in den Pyrenäen, zu Fuß.

Ich dachte dabei an Pilger früherer Jahrhunderte. In der Bewegung, im Meditieren, im Nachdenken, im Gespräch mit anderen Pilgern, im Besuch heiliger Stätten waren Ungezählte auf der Suche nach dem Lebenssinn, suchten Antworten.

Manche bezahlten in früheren Jahrhunderten ihre Pilgerfahrt mit ihrem Leben. Einige wurden von Wegelagerern ausgeraubt. In manchen Zeiten kam die Pilgerfahrt fast zum Erliegen. Von verschiedenen Ländern führen uralte Pilgerwege nach Santiago de Compostela. Da das Heilige Land mit Jerusalem zeitweise für christliche Pilger nicht erreichbar war, gewann das Grab des Apostels Jakobus immer mehr an Bedeutung.

Ein eigenartiges, fast ehrfurchtvolles Gefühl erfasste mich, als ich auf einem uralten, landschaftlich ansprechenden Pilgerpfad in den Pyrenäen wanderte. Mit welchen Hoffnungen und Sorgen sind hier lange vor mir schon mittelalterliche Menschen gepilgert?

Manches einfache Pilgerhotel auf unserer Route kostete mich ganz schön Kraft, besonders wenn es galt, unsere zwei schwere Koffer in obere Stockwerke über enge Treppen zu schleppen.

In einem überhitzten Speisesaal, in einer Pyrenäenstadt, wurde mir abends auf einmal schwarz vor den Augen.
Ich glaube, ich hatte zu wenig Wasser getrunken und mich körperlich überfordert. Vermutlich hatte ich auch Magnesiummangel. Kalte Wasserumschläge und ein eilends herbeigerufener Arzt halfen mir wieder auf die Beine.

Auf unserer Route trafen wir immer wieder jüngere und ältere Pilger aus Wien, aus Kärnten, aus Frankreich usw.
Wir tauschten unsere Erlebnisse aus. Studenten, Rentner, Politiker, Einzelne und Gruppen wollten eine Auszeit vom Alltag nehmen.

In einer spanischen Kirche trafen wir zwei Österreicherinnen. Beide waren über 50 Jahre alt und mit dem Rucksack seit ca. drei Monaten schon auf Wanderung.

Wegen starker Fußkrämpfe befürchteten sie, abbrechen zu müssen. Ärztliche Behandlung und ein paar Tage Ruhe erlaubten ihnen nun zu ihrer Freude die Fortsetzung.

Ich hatte mich zwischenzeitlich mit einem kräftigen Holz-wanderstock, einer bemalten Jakobus-Pilgermuschel und Magnesium-Tabletten sowie verstärktem Wasservorrat aus-gerüstet.

Nach dem Deponieren unseres Reisegepäcks in unserem Santiago Hotel führte uns unser erster Weg zur Wallfahrts-kathedrale.

Wie vor uns schon Tausende, legten auch wir die Finger der rechten Hand in eine kunstvoll bearbeitete Kirchensäule im Eingangsbereich.

Über dem Hauptaltar befindet sich auf einem Podest eine lebensgroße Jakobusstatue. Es ist eine alte Sitte, dass Pil-ger diese Statue von rückwärts umarmen dürfen. In der Krypta der Kathedrale befindet sich ein Silber-Sarkophag. Wissenschaftler haben mit neuesten Methoden die Ge-beine des Sarkophag-Inhalts zehn Jahre lang genauestens untersucht. Es sind die Knochenreste eines alten Mannes, welcher vor 2.000 Jahren lebte.

Ich verharrte vor dem Sarkophag und meditierte. Vielleicht hat dieser tote Mann Jesus tatsächlich persönlich erlebt?

Eine letzte Gewissheit über die Identität gibt es allerdings leider nicht.

In den drei Tagen und Nächten in Santiago de Compostela erlebten wir eine fröhliche, freudige, internationale Atmo-sphäre mit Menschen aus aller Herren Länder.

Goethe meinte schon zu seiner Zeit: »In Santiago wurde Europa geboren.«

Bis Mitternacht saßen wir auf mittelalterlichen Plätzen mit plätschernden Brunnen und internationalen Musikgruppen.

Wir besuchten eine Pilgermesse in Spanisch und verschiedene Kirchen, Parks und Aussichtsplätze.

Immer wieder kamen wir ins Gespräch mit anderen Pilgern, drei Rentner meinten zu uns, nachdem sie gehört hatten, dass wir die meisten Wegstrecken aus Zeitgründen mit dem Bus zurückgelegt haben, wir seien »Salon-Pilger«. – Das konnte ich nicht auf mir sitzen lassen.

Ich konterte: »Wir haben in unserer Gruppe sogar sechs Franziskaner-Pater dabei. Jeden Tag hatten wir einen Pilger-Gottesdienst, wir haben fleißig gesungen und sind auch Stücke gewandert.« –

Ja, wir hatten auch einen »Bueno Camino«, einen guten Weg, erlebt.

»Wo zwei oder drei in meinem Namen versammelt sind… …da bin ich mitten unter ihnen.«

Donnerstags 20:00 Uhr bis 22:00 Uhr trifft sich regelmäßig unser ökumenischer Hauskreis.

Einmal im Monat finden sich dann acht bis zwölf Frauen und Männer am großen Esszimmertisch in unserem Haus ein. Wir wechseln unsere Treffpunkte bei verschiedenen Familien ab.

Mit Gitarren- und manchmal Klavierbegleitung singen wir gemeinsam religiöse Lieder aus drei verschiedenen Liederbüchern. Jeder darf sich seine Lieblingsmelodie wünschen. Manchmal singen wir auch mehrstimmige Kanons.

Ein paar besonders gute Sängerinnen und Sänger reißen gleichsam die schwächeren Sänger mit.

Ich singe nicht gut, aber gerne. Ich merke, wie Singen nach ca. 30-45 Minuten von der Alltagshektik befreit.

Eine Teilnehmerin liest dann jeweils einen Psalm vor. Viele Psalmen von David sind bekanntlich 2.800 Jahre alt und immer noch sehr aktuell.

Anschließend beten wird für Kranke oder in besonderen Anliegen.

Zwischendurch trinken wir Tee oder Mineralwasser.

Wir tauschen uns über die Neuigkeiten der vergangenen

Woche aus. Manchmal kommt ein/e neue/r Teilnehmer/ in zu unserer Donnerstagsgruppe hinzu.

Meistens lesen wir ein paar Kapitel aus der Heiligen Schrift laut vor und sprechen darüber, was der gelesene Text für unseren heutigen Alltag bedeuten kann.

Mit einem gemeinsamen Vaterunser und ein bis zwei Abschlussliedern beenden wir dann den Hauskreisabend.

In diesem Kreis wächst gegenseitiges Respektieren, Toleranz, Rücksichtnahme.

Seit über zehn Jahren empfinden wir diesen Hauskreis, mit Teilnehmern ganz unterschiedlicher Berufe und Herkunft, als einen Glücksfall, als Stunden der Inspiration und als Kraftmomente.

Begegnung mit Altbundespräsident Walter Scheel und Frau Barbara Scheel

Am Freitag, 1. Juni 2007 war ich Teilnehmer beim Symposium »Feines Essen und Trinken« in München.

Der sehr aktive Edeka-Unternehmer und IG FÜR… Mitglied Hans Jürgen Bönsch initiiert seit vielen Jahren diesen Lebensmittel-Feinschmecker-Kongress in den Messehallen von München-Riem und im Hotel »Bayerischer Hof«.

Viele Lebensmittelanbieter präsentieren ihre Produktneuheiten auf prächtig gestalteten Messeständen. Bei manchem Kontaktgespräch konnte ich Interesse an den Zielen der Interessengemeinschaft FÜR gesunde Lebensmittel e.V. (kurz IG FÜR…) wecken.

Altbundespräsident Walter Scheel war, wie jedes Jahr, Schirmherr dieses Qualitäts-Symposiums. Freitagnachmittag konnte ich über Mikrofon sogar ein paar Minuten die Symposiumsteilnehmer auf die IG FÜR… und ihre Ziele aufmerksam machen. In einem persönlichen Gespräch übergab ich Frau Barbara Scheel den IG FÜR… Informationsprospekt mit dem Titel »Je mehr Menschen ihre Stimme für eine gute Sache erheben, desto unüberhörbarer wird der Chor«.

Im Hotel »Bayerischer Hof« war ein festlicher Abend, mit dem Land Südafrika als Programmhöhepunkt, eingeplant.

Südafrikanische Tänzer/innen und Tenöre verwöhnten uns mit großem musikalischen und akrobatischen Können zu südafrikanischen Gerichten.

Der IG FÜR… Mitstreiter Hellmut Stöhr hatte wieder einmal, zusammen mit den Südafrikanern, ein hervorragendes Abendprogramm vorbereitet.

Ein paar Tische entfernt saßen Frau Barbara Scheel und Herr Walter Scheel zusammen mit Herrn Hans-Jürgen Bönsch. Im Saal war eine festliche, sehr positive Stimmung.

Ich gab mir einen inneren Anstoß und ging zum Tisch mit dem Ehepaar Scheel. Ich fragte Herrn Walter Scheel, ob ich ihm die Ziele der von mir gegründeten IG FÜR gesunde Lebensmittel in Kürze erläutern darf. Ich möchte ihn gerne als neues IG FÜR… Ehrenmitglied gewinnen. Dies wäre sicher eine große ideelle Unterstützung.

Er fragte seine Frau: »Was meinst Du, können wir das machen?«
Ich war in diesem Moment froh, dass ich am Nachmittag bereits mit Frau Barbara Scheel das Gespräch gesucht und gefunden hatte.
Ich sagte nun zu Frau Scheel: »Hoffentlich haben Sie nichts dagegen einzuwenden.« Sie stimmte zu und somit nahm der Altbundespräsident Walter Scheel die IG FÜR… Ehrenmitgliedschaft an.

Er sagte mir, wie wichtig die Ess- und Tischkultur für ein Land sei. Bei seinen Auslands-Staatsbesuchen habe er immer auch erstklassige deutsche Köche auf die Reise mitgenommen. Er wollte im Gastland mit der deutschen Küche einen positiven Eindruck bei seinen Gästen hinterlassen.

Ich fragte das Ehepaar Scheel, ob die Saalfotografin unser abendliches, festliches Treffen mit einem Foto für die IG

FÜR… dokumentieren dürfte. Ich meinte, dass mir sonst unser Treffen vielleicht gar nicht geglaubt wird.

Später konnte ich dem Ehepaar Scheel das gemeinsame Bild per Post zusenden. Ich bat den Altbundespräsidenten ferner um ein Grußwort aus Anlass »10 Jahre IG FÜR…« für unser 30. IG FÜR… Rundschreiben.

Ich bringe ein paar Zeilen aus seinem freundlichen Grußwort:
>   *»Sehr geehrte Unterstützer der IG FÜR gesunde Lebensmittel,*
>   *seit meiner Geburt vor nunmehr 88 Jahren profitiere ich von den*
>   *»gesunden Lebensmitteln«. Offenbar hat es mir nicht geschadet*
>   *und daher bin ich sehr froh darüber, dass Sie alle sich nunmehr*
>   *aktiv für die Stärkung eben von gesunden Lebensmitteln einset-*
>   *zen. – Oscar Wilde wäre ein häufiger und gern gesehener Gast bei*
>   *der IG FÜR gesunde Lebensmittel gewesen… Denn er sagte und*
>   *ich schließe mich an: »Der Kultivierte bedauert nie den Genuss.*
>   *Der Unkultivierte weiß überhaupt nicht, was ein Genuss ist.« –*
>   *Hoffentlich können sich die »gesunden Lebensmittel« weiterhin*
>   *durchsetzen gegen die Konkurrenz. Die »IG FÜR gesunde Lebens-*
>   *mittel« wird dazu ihren Beitrag leisten. Ich wünsche dazu viel*
>   *Erfolg« –*
>   *Walter Scheel, 12. Juli 2007*

Ich freue mich natürlich über das positive, ermunternde Grußwort unseres Altbundespräsidenten.

Wieder einmal hatte ich erleben dürfen, dass es notwendig ist, sich einfach höflich zu trauen.

Ein Jahr später war ich wieder Teilnehmer beim Münchener Symposium »Feines Essen und Trinken«. Kollegen fragten mich im Vorfeld, welche Persönlichkeiten ich wohl diesmal als neues IG FÜR... Mitglied gewinnen wollte.

Zu meiner freudigen Überraschung war beim festlichen Abend im Bayerischen Hof der Top Klarinettist und bekannte Bandleader Hugo Strasser mit seinem Tanzorchester Stargast.

Während unserer Münchener Jugendzeit tanzten meine Frau und ich schon zu seinen Melodien.

In einer Konzertpause sprach ich mit dem Ehepaar Strasser über die IG FÜR gesunde Lebensmittel. Ich meinte: »Sie, Herr Hugo Strasser, engagieren sich für Musikkultur. Ich engagiere mich für Esskultur. Beides ist Kultur und will gefördert werden.«

Hugo Strasser holte seine Klarinette, und wir machten schöne Fotos zusammen.

Die Eheleute Strasser wurden auf der Stelle neue IG FÜR... Ehrenmitglieder.

Frau Barbara Scheel gratulierte zu unserem neuen IG FÜR... Mitgliederzuwachs. Weitere Festgäste folgten dem guten Beispiel und schlossen sich der IG FÜR... an.

Ja, es gibt offensichtlich auch eine Kettenreaktion des Guten.

Gute Kräfte stärken

Bei der Lektüre verschiedener Zeitungen bemerkte ich deutlich, wie Bundesländer um das Gemeinwohl verdiente Persönlichkeiten mit dem Ehrenbrief des jeweiligen Landes auszeichneten und öffentlich würdigten. Bei einer Urlaubsreise hatte ich Zeit zum Nachdenken und kam zu dem Schluss:»Das können wir auch!«

Verschiedene Personen waren der Ansicht, wir sollten Negativbeispiele mit der »goldenen Zitrone« auszeichnen.

Der Gedanke »gute Kräfte stärken« gefiel mir jedoch viel besser und er passte zu unserem positiven IG FÜR…-Ansatz.

Durch die IG FÜR…-Ehrenbriefverleihung können wir auf Unternehmen und Personen aufmerksam machen, welche die IG FÜR… Ideen und Ziele mustergültig unterstützen. So wird ein wichtiger Beitrag zur Bewusstseinsbildung geleistet, damit der Bevölkerung auch in Zukunft lebensfördernde und gesunde Lebensmittel als Mittel zum Leben angeboten werden.

Wir wollen mit der Auszeichnung Mut machen und an praktischen Beispielen aufzeigen: »Es geht doch!«

Unser Gründungs-Schirmherr Bundesminister Ignaz Kiechle und der Chef der Andechser Molkerei Georg Scheitz wurden im Jahre 2001 die ersten Geehrten. Uns wurde immer klarer, dass der äußere Rahmen der Ehrenbrief-Verleihung mit Musik, Gesang, ehrenden Ansprachen, zum Beispiel durch einen Minister oder eine andere bekannte Persönlichkeit, große Bedeutung hat. Die örtliche Presse sollte die gute Nachricht befördern und ebenso der Verbreitung ökologischer, regionaler, möglichst natürlicher Produkte dienen.

Wir meinen, es solle dem Rahmen einer Auszeichnung mit dem Bundesverdienstkreuz gleichen, allerdings noch feierlicher und schöner.

Die SOS Kinderdorf-Einrichtung Hohenroth, bei Gemüden/Franken, bietet seit langem 150 Behinderten in der BIO – Landwirtschaft sinnvolle Arbeit und Lebenserfüllung. Neben der Landwirtschaft wird eine Gärtnerei, eine Molkerei, eine Schreinerei, ein Café, ein Laden, eine Weberei und viel Handwerkliches vorbildlich betrieben. Bei einem Besuch und Gespräch mit dem langjährigen Dorfleiter Herrn Karlheinz Weigand erfuhr ich, dass noch nie ein Minister Zeit gefunden hatte, das fränkische SOS Dorf zu besuchen. Ich meinte, wir müssen dies unbedingt ändern. Tatsächlich war der bayerische Landwirtschaftsminister Josef Miller bereit, am 2. Dezember 2004 die ehrende Festansprache in Hohenroth zu halten. Von den 150 Behinderten sind 120 musikalisch aktiv. Ich bat Beethovens 9. Sinfonie »Freude schöner Götterfunken« für den Festakt einzuüben. Der 2. Dezember war auch der offizielle Tag der Behinderten. Die verschiedenen Bewohner der SOS Einrichtung führten auf Probentischen in ihrer Berufsbekleidung ihre Produkte mit Freude und Stolz vor. Im großen Theatersaal bot sich ein vielfältiges, buntes Berufebild. Die positive, freudige Festtagsstimmung schlug auf den Landwirtschaftsminister, auf die anwesenden IG FÜR…-Mitglieder, auf die Presseleute und natürlich auch auf meine Frau und mich über.
   Die gute Stimmung war geradezu ansteckend.
   Offensichtlich können sich Behinderte ganz besonders

herzlich freuen. Sehr gute Presseberichte sorgten für zusätzliche öffentliche Anerkennung und steigenden Absatz liebevoll erzeugter Produkte.

Wie ging es weiter?

Auf dieser unserer Erde ist bekanntermaßen Unmoralisches und Schlechtes weit verbreitet. Jammern alleine bringt meistens keinen echten Fortschritt.

Aber wir haben die Chance, gute Kräfte noch mehr zu stärken. Wir zeichneten also weiter feierlich mit dem IG FÜR... Ehrenbrief aus.

Herr Dr. Frank Ehrnsperger, Unternehmer und Geschäftsführer der Lammsbräu Öko-Brauerei, wurde für hervorragende Öko-Biere und alkoholfreie Getränke und als echter BIO-Pionier im August 2002 in Neumarkt/Oberpfalz ausgezeichnet.

Die Auszeichnung in der Wiener Handelskammer, in einem vornehmen Gebäude aus der K&K Kaiserzeit, an Kommerzienrat Karl Schmiedbauer, Geschäftsführer der Fa. Wiesbauer – österreichische Wurstspezialitäten – war ein weiterer positiver Höhepunkt. Die Wiener Senatsrätin Frau Dr. Maria Safer fand anerkennende Worte sowohl für Herrn Schmiedbauer, als auch für das Wirken der IG FÜR...

Wir zeichneten Herrn Hannes Feneberg, Unternehmer und Geschäftsführer der Fa. Feneberg Lebensmittel, im Rathaus in Kempten im Allgäu aus. Staatsminister Dr. Werner Schnappauf hielt die ehrende Ansprache. 60 geladene Allgäuer Persönlichkeiten freuten sich über die Auszeichnung ebenso wie die vielen Landwirte, welche die regionalen »Vonhier« Öko-Produkte liefern dürfen.

Zweimal haben wir als international aktive IG FÜR... dänische Unternehmen ausgezeichnet. Einmal war dies zusammen mit dem dänischen Minister Lars Barfoed, Minister for Family and Consumer Affairs, im September 2006.

Den Vorstandssprecher Herrn Roger Ulke von Konsum Dresden e.V. zeichneten wir im Beisein von Staatsminister Stanislaw Tillich aus.
Die Auszeichnung im Gebäude der Dresdener Dreikönigskirche wurde von Studenten der Musikhochschule musikalisch bereichert.

Ein besonderes Erlebnis war auch die Ehrenbriefverleihung an Jörg Hieber, Hiebers Edeka Frischemärkte in Weil am Rhein, im Mai 2007. Anlässlich einer Supermarkt-Neueröffnung war für etwa 300 Personen ein großes Festzelt aufgebaut.

Nach verschiedenen Ansprachen vom Oberbürgermeister und anderen Edeka-Persönlichkeiten warteten die Festzelt-Besucher dringend auf das verheißene Spargelessen. Meine mitgereiste Ehefrau meinte, ich solle die Ehrenbrief-Verleihung kurz und bündig gestalten, alle Besucher hätten Hunger und würden sowieso nicht mehr zuhören. Als letzter Redner trat ich ans Pult mit Mikrofon. Als ich über die Gefahr der Monopolisierung von Saatgut und Lebensmittel auf nur eine Handvoll internationaler Multis zu sprechen kam, auf immer mehr Patente, auch auf Broccoli und Sonnenblumen, wurde es völlig still im Festzelt. Trotz Appetit auf Spargel hörten alle aufmerksam zu. »Jeder Einkauf ist ein Stimmzettel.« Lesen wir bewusst die Zutaten auf den Packungen. Wir zeichneten die Familie Hieber aus, weil sie regionale Landwirte über ein Jahrzehnt mit großem persönlichem und finanziellem Engagement unterstützte.

Auf der Wasserkuppe, mit 950 m Höhe der höchste Berg Hessens, ehrten wir drei langjährige Ökolandwirte im Beisein von Staatsminister Wilhelm Dietzel.

In Niedersachsen erhielt der SOS Hof Bockum, mit 75 Behinderten, für sein Engagement im Anbau ökologischer Lebensmittel im Oktober 2007 den Ehrenbrief der IG FÜR… Ich zitiere aus einem Dankesbrief des SOS Dorfleiters Manfred Persy vom 22. Oktober 2007:

»Die Verleihung ist für uns eine große Ehre und Verantwortung. Sie haben die Bockumer Betreuten und Mitarbeiter mit Ihrer Ansprache zur Übergabe im Rahmen unserer Feierstunde absolut überzeugt, noch Tage später sagten mir einige: Der Herr Sedlmaier, der war aber toll!

Wir erhielten auch Gratulationen von einigen unserer Kunden aufgrund des Artikels in der Landeszeitung Lüneburg.«

Mit Mozart-Melodien auf dem Klavier meisterlich dargeboten und Gesängen der Betreuten wurde der festliche Nachmittag für uns alle ein großer Glücksmoment als Kraftmoment für die Zukunftsgestaltung.

Ein Satz des Kirchenlehrers Augustinus, 430 n. Chr. gestorben, ist hier passend:

- *»Die Seele ernährt sich von dem, woran sie sich erfreut.«* -

Am Freitag, den 11. Januar 2008 durften mein IG FÜR… Vorstandskollege Paul Werner Hildebrand und ich in Hamburg im Frosta-Bistro, in der Nähe des Rathauses, Herrn Felix Ahlers, Vorstand der Fa. Frosta Tiefkühlkost GmbH, mit dem Ehrenbrief der IG FÜR… auszeichnen. Sie führten das Frosta-Reinheitsgebot bei ihren Tiefkühlprodukten ein. Dies garantiert, dass alle Frosta-Produkte frei von Aroma-, Farbstoff- und Geschmacksverstärkerzusätzen, Emulgatoren und Stabilisatoren sowie chemisch modifizierten Stärken sind. Für Frosta-Kunden bedeutet das aber noch mehr: nämlich den Genuss am unverfälschten Geschmack bester Rohwaren und Zutaten. Frosta gibt auf jeder Packung ganz genau an, was im jeweiligen Produkt enthalten ist. Viel ausführlicher als es das Gesetz verlangt.

Diese selbst auferlegten strengen Qualitätsregeln sind in Deutschland bisher einmalig.

Mit der praktischen Einführung des Frosta–Reinheitsgebotes hatte das Unternehmen leider 1/3 Umsatzverlust erlitten. Dies war Existenz gefährdend. Die Firmenleitung beratschlagte sich in dieser Situation mit den Mitarbeitern. Viele Kunden waren wohl an künstliche Geschmacksverstärker und billige Preise gewöhnt.

Der als richtig und ehrlich empfundene Weg wurde dennoch weiter beschritten. Seit ein paar Jahren hat das Frosta–Unternehmen nun ein zweistelliges Umsatzplus. Andere Marktanbieter ahmen sogar diese Idee teilweise nach.

Für die IG FÜR… war dies ein idealer Anlass, »gute Kräfte« öffentlich zu stärken. Brigitte.de berichtete national.

Frau Renate Künast, Bundes-Verbraucherschutz-Ministerin a.D., hatte während der Amtszeit die Frosta–Produktion besichtigt. Als IG FÜR… Ehrenmitglied und Fraktionsvorsitzende der Grünen war sie nun bereit, an diesem Freitagnachmittag die ehrende Ansprache vor Kunden, Presseversvertretern und IG FÜR… Mitgliedern zu halten.

Frau Grözinger, Präsidentin des Deutschen Hausfrauenbundes e.V. mit national 60.000 Mitgliedern, war zusammen mit ihrer Hamburger Geschäftsführerin Frau Ahrend ebenso anwesend. Sie schrieb der IG FÜR… im Vorfeld: »Als Präsidentin eines der größten und traditionsreichsten Familien-, Verbraucher- und Umweltverbandes unterstütze ich die Auszeichnung für den Unternehmer Felix Ahlers.«

Herr Schumm von WWF World Wide Fund For Nature war auch zur Hamburger Feierstunde erschienen.

Ja, es wurde eine sehr gelungene, fast familiäre Feierstunde, obwohl die begleitenden Musiker kurz vorher erkrankt waren und so kurzfristig kein Ersatz gefunden werden konnte.
    Der Vater und die Schwester Frederike Ahlers freuten sich, so wie die Mitarbeiter und die Kunden des Frosta-Bistros.
    An einer gut sichtbaren Stelle im Bistro wird der IG FÜR… Ehrenbrief die Kunden künftig informieren.

Ich erinnere mich an einen Satz von Wilhelm von Humboldt:
»Im Grunde sind es immer die Verbindungen mit Menschen, die
dem Leben seinen Wert geben.«

Auch Herr Ole Sperber war extra zur Feierstunde gekommen. Wir kannten uns von einer Kanada/Alaska Reise. Er wurde nun neues IG FÜR… Mitglied.

Nach der erfolgreichen Ehrenbrief-Verleihung in Hamburg besuchte ich am Samstag früh um 9:00 Uhr die Speicherstadt im Hafenviertel. Dunkle Regenwolken hingen über dem Hamburger Hafen. Nur ein kleiner blauer Fleck war zwischen den Wolken zu erkennen. Ich war ganz alleine zu Fuß unterwegs. Auf einmal wurde der Himmel immer heller. Strahlende Sonne kam durch und erleuchtete die alten Backsteinfassaden. Dieser weltweit einzigartige Lagerkomplex, ein »Kaufmanns-Venedig« mit Kanälen, schmiedeeisernen Brücken und Lagerhäusern mit fünf bis sechs Stockwerken, faszinierte mich. Verschiedene Informationstafeln erläuterten die Vergangenheit mit ihren Importen von Tee, Kaffee, Kautschuk, Teppichen usw. Auf einer Strecke von über zwei Kilometern säumen aufwändig gestaltete Speicherblöcke malerische Fleete. Ich besuchte das Gewürzmuseum sowie das Speicherstadtmuseum und war glücklich.

Die malerischen Anblicke empfand ich als ein Geschenk.

Mit Enkel Emanuel im Deutschen Museum in München

»Opa Georg, in München kenne ich mich aus. Ich war mit meinem Vater schon öfters im Deutschen Museum, ich kann Dich dort führen«, sagte der fünfjährige Emanuel zu seinem Opa Georg.

Zuerst hatte er aber Hunger und verzehrte eine Bretzel. Nach der Bretzenpausen hatte er auf einmal »furchtbaren Durst«. »Ich führe Dich durchs Bergwerk – bist Du überrascht, wie viel ich schon weiß? – Merkst Du eigentlich, dass ich viel weiß? – Lobst Du mich jetzt auch? – Gell, ich bin sehr brav. – In dem Spielwarenladen im Deutschen Museum brauchst Du mir nichts zu kaufen. Ich weiß ein anderes Geschäft, wo wir was kaufen können. Ich habe 5,00 € von meinem Vater bekommen.«

Nachdem Emanuel größtes Interesse an der Besichtigung der Schiffe und Flugzeuge hatte, war dies auch unser Programm.

Anschließend stellte sich aber ganz gewaltiger Hunger und Durst ein. Wir suchten das Museumsrestaurant. Spaghetti mit Tomatensauce und Fanta-Limonade war seine Wahl. »Nudeln esse ich am allerliebsten«, war sein Kommentar. Ich fragte, ob ich bei seiner Erwachsenenportion etwas mitessen darf. Diese Genehmigung war nur äußerst schwer zu bekommen. »Opa Georg, ich habe doch so riesigen Hunger, ich brauche alles selber. Du kriegst erst etwas, wenn was übrig bleibt.« Aber kalte Nudeln schmecken mir zum Schluss auch nicht mehr so gut. Schlagartig war Emanuels Riesenappetit gestillt. Ich durfte weiter essen.

»Opa, wir haben beim Spaghettiessen gar nicht gestritten – wir haben nur diskutiert.«

»Bekomme ich jetzt als Nachspeise einen Lutscher? Aber

wir müssen für meinen älteren Bruder auch einen Lutscher kaufen, wenn wir ihn später abholen. Wenn er nichts bekommt, ist er sonst traurig.«

Ich habe mir einen Cappuccino bestellt. Emanuel wollte probieren. Mit einem Kaffeelöffel reichte ich ihm eine Kostprobe. »Magst Du noch einen zweiten Proben-Löffel?« – »Nein so lecker ist es auch wieder nicht.«

Wir sprachen über Eltern und Großeltern. Er meinte zu sich: »Ich bin mit Sam verwandt.« – Sam ist unser Retriever-Hund.

Weihnachten feierten wir nämlich zusammen. Beide Töchter, Schwiegersöhne, vier Enkel und Hund Sam. Er gehört also zur Familie, er ist »verwandt«.

Emanuel erzählte mir noch sehr vieles. So erklärte er mir auch den Unterschied zwischen Lachen und Grinsen.

Beim Grinsen zeigt man nur die Zähne. Es ist leise, man macht den Mund nicht so weit auf. Lachen ist viel lauter, man macht den Mund weiter auf.

»Opa Georg, es ist bequem, wenn man so viel weiß!«

Später holten wir seinen Bruder Gregor, 8 Jahre, vom Kindergeburtstag ab. Im Auto las ich noch etwas. Sein Kommentar war: »Wir sind hier nicht zum Warten da, wir sind zum Gregor-Abholen da.«

Nachdem wir Gregor im Bayerischen National-Museum vom Kindergeburtstag abgeholt hatten, durften die Kinder vor den Museumsstufen mit ihrem Freund »wetthüpfen« und »Fangen spielen«. Gregor berichtete, dass sie ein echtes Ritter-Kettenhemd anziehen, einen echten Ritterhelm aufsetzen und einen Becher farbig bemalen durften.

Später meinte Emanuel zu mir:

»Weißt Du, mit Dir macht es so viel Spaß, macht es Dir mit mir auch Spaß?«

Abends diskutierten wir, ob sie eine halbe Stunde oder

eine Stunde fernsehen dürfen. Die Eltern waren nämlich übers Wochenende verreist. Wir einigten uns auf eine halbe Stunde. Gregor stellte die Zeit auf einer Weckeruhr ein. Emanuel wusste, dass es für die Augen nicht so gut ist, so lange fern zu sehen. Es ist besser im Kinderzimmer zu spielen, wieder an der frischen Luft spazieren zu gehen und dann erst wieder fern zu sehen.

Papstsegen »Urbi et Orbi« bei Blitz, Donner und wolkenbruchartigem Regen

Es regnete nicht, als wir erwartungsvoll, als Bonifatiuspilger aus Fulda, auf den Sitzplätzen des riesigen Petersplatzes in Rom ankamen.

Wir sahen gut zum reich mit holländischen Blumen geschmückten Papstaltar.

Die großen Übertragungsleinwände waren für unsere Fuldaer Pilgergruppe gut einsehbar. Mit festlicher Musik marschierte die farbenprächtige Schweizergarde durch die seitlichen Bernini Kolonnaden zur Vorderseite des prächtigen Petersdomes.

Seit Stunden hatte sich langsam das gewaltige Petersplatzoval mit Menschen aus aller Herren Länder, teilweise mit Fahnen und Transparenten, gefüllt.

Die wenigen blauen Flecken am römischen Himmel mussten immer dunkleren Wolkenbänken weichen. Es begann langsam zu tröpfeln. Als der Ostersonntag-Gottesdienst um 10:30 Uhr mit den ersten Gebeten, gesprochen von »unserem« Papst Benedikt XVI, begann, regnete es bereits gleichmäßig und andauernd. Dann donnerte und blitzte es kräftig, und ein Wolkenbruch jagte den nächsten.

Etwa 90 % der Gottesdienstbesucher gaben ein ausharrendes Glaubenszeugnis. Meine Frau harrte seitwärts unter dem Kolonnadenoval der Säulen und konnte auf einer Säulenbasis den Oster-Gottesdienst erleben.

Mich beeindruckte, als der Papst zwei kleine dunkelhäutige Mädchen mit Zöpfen, welche Opfergaben aus ihrer Heimat brachten, mit einer liebevollen Geste empfing und sich Zeit nahm, mit ihnen und ihren Eltern einige Sätze zu sprechen.

Der Papst appellierte an die Regierenden in aller Welt, sich für Gerechtigkeit einzusetzen »an den von blutigen Konflikten heimgesuchten Orten und überall dort, wo die Würde der menschlichen Person missachtet und verletzt wird.«
Er ermutigte zu Lösungen, die das Wohl und den Frieden schützen.

Unter Blitz, Donner und strömendem Regen erteilte der Ponitfex in 63 Grüßen den traditionellen Ostersegen »urbi et orbi« der Stadt und dem Erdkreis.

Wegen des Unwetters kürzte der Papst seine Ansprache ab.

Diejenigen, die vor dem Regen Zuflucht suchten, forderte er auf: »Betrachten wir den Regen als Segen für die Erde und lassen wir die Freude in unserem Herzen niemals auslöschen.«

Ich stieg auf meinen Stuhl, um das fast unübersehbare Regenschirm-Meer zu erfassen.

Das lateinische Vaterunser-Gebet konnten viele Pilger mitsprechen. Beim Friedensgruß reichten sich Menschen unterschiedlicher Völker und Hautfarben die Hände.

Für uns und die meisten Rom-Pilger war es wohl der stürmischste und nasseste Oster-Gottesdienst des bisherigen

Lebens. Es war noch viel nasser als am Karfreitag um 21:00 Uhr beim Kreuzweg-Gebet am römischen Kolosseum. In der frühen Christenheit wurden dort bekennende Christen Opfer wilder Tiere als Schauspiel.

Wir konnten unter einem Kiosk-Vordach unterstehen und den Blick auf das romantisch mit Fackeln beleuchtete Kolosseum und das antike Forum Romanum, mit seinen fast 2.000 Jahre alten Ruinen, geistig in uns aufnehmen.

Obwohl vielleicht eine halbe Million Pilger und Touristen aus allen Erdteilen über Ostern anwesend waren, trafen wir zu unserer völligen Überraschung ein mit uns seit 40 Jahren befreundetes Allgäuer Ehepaar auf dem überfüllten Petersplatz. Zufälle fallen uns einfach zu.

Nach dem Ostersonntags-Gottesdienst waren auch meine Schuhe und Strümpfe völlig durchnässt. Da unser Hotel am Stadtrand weit entfernt war, suchten meine Frau und ich »zum Trockenlegen« ein Restaurant in der Nähe auf. Mit Toilettenpapier stopften wir unsere Schuhe aus. Unsere nassen Füße trockneten wir auf einem warmen Sitzkissen und tupften die Socken und Füße mit Handtuchpapier ab.

Ja, wir mussten uns wie Kleinkinder trockenlegen, um das weitere Romprogramm nachmittags, dann allerdings ohne Regen, fortzusetzen.

Während der fünf römischen Tage erlebten wir Kultur pur.

Schlag auf Schlag reihten sich aneinander: frühchristliche Basiliken, sieben Haupt-Pilgerkirchen, altrömische antike Ausgrabungen, Paläste reicher römischer Patrizierfamilien, großartige Plätze mit herrlichen Springbrunnen, Obelisken aus Ägypten, Parks mit blühenden Judasbäumen, Tiberbrücken, Engelsburg-Dachblicke auf Rom, Papstgräber unter der Peterskirche usw..

Besonders die vielen Jugendgruppen belebten mit ihrer Sprachvielfalt, jugendlich erfrischender Neugierde und Unkompliziertheit das altehrwürdige Rom. Trotz sehr wechselvollem Wetter konnten wir das Beste daraus machen.

Der stürmischste Ostersonntags-Gottesdienst seit 38 Jahren wird uns immer in besonderer Erinnerung bleiben.

Der älteste Referent mit dem jüngsten Herzen

„Sie waren der älteste Referent mit dem jüngsten Herzen" – sagten am 5. April 2009 in Prag beim Symposium „BIO Summit" Manager aus der Tschechei zu mir. Dabei begann das Ganze sehr spannend.

Etwa ein halbes Jahr vorher war mit den tschechischen Organisatoren „blue events" und „Green marketing" der April-Termin vereinbart worden. Ich hatte meinen Arbeitgeber, die Firma tegut… in Fulda / Hessen, als Vorstandsmitglied (Board Member) würdig zu vertreten.

In der Symposium-Vorwerbung wurde ich als 1. Gast mit Foto als „keynote speaker" und „a great inspiration für retailers" angepriesen. Nach dieser Vorankündigung „feilte" ich nochmals gründlich am Text und den Fotos für meinen Live-Vortrag. Ich wollte die 200 internationalen Manager/innen nicht enttäuschen. Sie sollten auf ihrem BIO Weg mit Praxistipps nachhaltig bestärkt werden.

Simultan-Übersetzer ins Tschechische und Englische waren vereinbart worden. Hoffentlich werde ich den richtigen Ton als deutscher Lebensmittelkaufmann finden? Ich plante den Flug von München nach Prag. Die Wettervorhersage nannte „orkanartige Sturmböen". Mir wurde mulmig.

Da mein Flugzeug bereits um 7 Uhr früh startete, musste ich um 4.30 Uhr bereits mit Taxi und S-Bahn zum Flughafen.

Zuerst wurde in einer Art Chemie-Wäsche das 2-motorige Propeller-Flugzeug „enteist". Zum Glück war mein Flug ziemlich ruhig. Die orkanartigen Sturmböen waren woanders.

Am nächsten Tag um 9 Uhr war ich auf dem Vortragsprogramm. Das Taxi beförderte mich zum Kongresscenter. Ein Hausmeister sagte mir allerdings, dass ich im falschen Kongresscenter gelandet sei. Die für mich passende Adresse wisse er aber nicht. Er meinte: „Prag ist groß." Diese Aussage tröstete mich keineswegs. In einer Stunde sollte mein Vortrag beginnen.

In dieser morgendlichen Stresssituation suchte ich in der Nachbarschaft die Rezeption eines internationalen Hotels auf. Die Empfangsdame wusste Bescheid. Sie bestellte ein Taxi. Das für mich richtige Kongresscenter war in einem ganz anderen Stadtteil. Ich kam noch rechtzeitig an und konnte mich mit den 2 Dolmetschern – einmal für Tschechisch und einmal für Englisch – gut abstimmen.

Als erster Gastredner habe ich zuerst zu langsam gesprochen. Ich wollte den Dolmetschern Zeit zum Übersetzen geben. Der Moderator gab mir bald ein Zeichen. Ich durfte ganz normal zügig sprechen. Die Simultan-Dolmetscher waren einfach Klasse.

Ich war mit einem Headset-Mikrofon ausgestattet und bewegte mich frei auf der Bühne vor dem Rednerpult. Meine bei der Firma tegut… geprägten Sätze: „Mehr Miteinander, weniger Nebeneinander, schon gar nicht Gegeneinander, im grunde Füreinander." – kamen sehr gut an. Unsere Vorfahren hatten sich ja leider in der Geschichte öfters bekämpft und bekriegt.

Nach meinem 25-minutigen Vortrag meinte der Moderator

Martin Dokoupil: „Herr Sedlmaier ist ein Philosoph, nicht nur ein Lebensmittelkaufmann." Andere Kongressteilnehmer sagten: „Sie haben eine gute Stimmung verbreitet."

Abends gab es einen Empfang mit Preisverleihungen im Prager Intercontinental Hotel. Da ich kein Tschechisch spreche, dachte ich mir, ich gehe aus Höflichkeit kurz hin. Eine junge Frau sagte mir an einem der Stehtische, sie habe in Berlin studiert. Ein Herr in etwa meinem Alter erklärte mir ganz langsam, vor vielen Jahren habe er in der Schule etwas Deutsch gelernt. Er wurde beim Sprechen immer flüssiger und für mich gut verständlich. Immer mehr Damen und Herren kamen zu meinem abendlichen Stehtisch. Sie gaben mir ihre Visitenkarten. Wir knipsten einige Erinnerungsfotos. Nebenbei aßen wir verschiedene Gerichte aus einem wohlschmeckenden BIO-Buffet.

Der vormittägliche Referent, welcher nach mir über BIO bei tschechischen Bäckern sprach, sei das Gegenteil von mir gewesen. Dessen Mundwinkel gingen nach unten statt, wie bei mir, nach oben. Dieser Bäckerei-Referent meinte nämlich, BIO Anteile könnten nur im Promille-Bereich statt im Prozentbereich sein, und es würde Jahrzehnte dauern, bis es eine breitere Akzeptanz geben würde. Staatliche Hilfe sei deswegen dringend nötig. Ob es gesünder sei, wisse er auch nicht wirklich. Dieser für mich überraschende Gegensatz in dessen Bäcker-Redebeitrag am Vormittag lies meine positive Grundeinstellung noch viel mehr hervortreten.

Ich argumentierte, dass ich vor 17 Jahren mit eigener Ernährungs-Lehre-Schulung bei den tegut… Mitarbeiter/innen erfolgreich begonnen hatte. Wenn die Mitarbeiter von den BIO Vorteilen – es muss besser schmecken und gesünder sein – nicht überzeugt sind, dann kommt es auch mit staatlicher Hilfe nicht. In Universitätsstädten erreichen wir bei tegut… sogar BIO Umsatzteile zwischen 30 und 40 Prozent. Studenten und Professoren lesen einfach öfters die Verpackungshinweise.

Verschiedene Kongressteilnehmer wollen mich nun in Fulda besuchen. Zu meiner großen Freude sagten sie mir: „Sie waren heute der älteste Referent mit dem jüngsten Herzen." Das war wohl wieder ein „Glücksmoment als Kraftmoment."

Sie sehen, es ist wichtig, sich zu trauen und mutig zu sein.

Da ich 2 ½ Tage in Prag weilte, besuchte ich dort auch die Josefstadt als Faszination jüdischer Kultur. Spätestens seit dem 12. Jahrhundert bildete sich eine jüdische Gemeinde in der Nähe des internationalen Marktplatzes an der Breiten Gase und die „Altschul" oder spanische Synagoge. Seit Mitte des 13. Jahrhunderts entwickelte sich um die Altneu-Synagoge eine der ältesten und berühmtesten Judenstädte, zeitweise die größte Europas. Das ummauerte Getto blieb bis ins 19. Jahrhundert bestehen.

In der Pinkas-Synagoge sind neben der Tora-Nische die Vernichtungslager aufgelistet, an den Seitenwänden in alphabetischer Reihenfolge die 77. 297 bekannt gewordenen Namen der ermordeten Juden aus Böhmen und Mähren.

Ganz besonders beeindruckten mich im ersten Stock die einzigartigen Zeichnungen jüdischer Kinder mit Todesszenen aus dem Konzentrationslager Theresienstadt.
    Der alte jüdische Friedhof ist wie ein verwunschen wirkendes Areal. Während seiner Nutzung als Friedhof wuchs

das Areal auf 11.000 m2 an. Trotzdem erforderte Platzmangel immer neue Erdaufschüttungen – die Toten liegen an manchen Stellen in zwölf Schichten übereinander. Daher entspricht die Menge der Grabstellen - etwa 12.000 sollen es sein – keineswegs der Anzahl der tatsächlich Bestatteten. Der alte jüdische Friedhof ist das berühmteste Denkmal jüdischer Kultur in Prag.

Die Altneu Synagoge ist die älteste noch bestehende Synagoge Europas. Errichtet wurde das Gebetshaus wohl wegen des Zuzugs deutscher Juden aus Worms, Speyer und Regensburg um 1270.

Seit fast 750 Jahren werden hier Gottesdienste abgehalten und aus der Tora – den Büchern Moses – vorgelesen. Allerdings gab es eine gewaltsame Unterbrechung – nämlich die Hitlerzeit, wo es keine Gottesdienste geben durfte.

Ich nahm mir etwas Zeit, setzte mich und meditierte. Was könnten diese altehrwürdigen Mauern alles erzählen? Beim Judenmord zu Ostern 1389 färbten sich die Synagogenwände mit Blutspritzern. Rabbi Avigdor Kara verfasste auf dieses Ereignis eine Elegie, die bis heute am Versöhnungstag gesungen wird.

Mein mehrstündiger Besuch in den jüdischen Synagogen und im mittelalterlichen Friedhof Prags erfüllten mich mit großer Nachdenklichkeit. Hoffentlich sind die Besuche, auch vieler Touristen, ein Beitrag zur Bewusstseinsbildung für diese und folgende Generationen gemäß unserem bundesrepublikanischen Grundgesetz: „Die Würde des Menschen ist unantastbar."

Besuch der neuen Agnes-Ikone im Prager Dom St. Veit

Die Krönungskirche und Grablege der böhmischen Könige ist der Dom St. Veit, welcher als machtvolles Wahrzeichen von Prag den Hradschin überragt.

Der lichtdurchflutete Hochchor mit dem ersten Netzrippengewölbe und die Portraitbüsten von Peter Parler bedeuten einen Höhepunkt europäischer Gotik.
Einen kaum überbietbaren Eindruck von der einstigen Pracht und Herrlichkeit Prags gibt der edelsteinverkleidete Reliquienschrein des böhmischen Nationalheiligen in der Wenzelskapelle, einem der bedeutendsten Innenräume der europäischen Hochgotik. An der Außenwand der Wenzelskapelle zum Hochchor des Domes hin fand die neue riesengroße Ikonentafel (235 * 114 cm) der heiligen Agnes einen Ehrenplatz. Viele Spender haben die Schaffung dieser herrlichen Ikone durch den russischen Künstler Makarius Taus erst in den letzten Jahren ermöglicht. Auch ich durfte einer dieser Spender 1999 sein. Verständlicher Weise bewunderte ich neugierig die St. Agnes Ikone und fotografierte sie auch als Erinnerung.

Ein „Glücksmoment als Kraftmoment".

Zur Person

Georg Sedlmaier (Jahrgang 1945) ist seit über 40 Jahren verheiratet, hat zwei verheiratete Töchter und vier Enkelkinder.

Zu den beruflichen Stationen des Lebensmittelkaufmannes Georg Sedlmaier zählen namhafte Lebensmittelunternehmen wie Edeka, Rewe, Feinkost Dallmayr, Feneberg Lebensmittel in Kempten/Allgäu und seit Ende 1990 als Vorstandsmitglied die Firma tegut… gute Lebensmittel in Fulda/Hessen.

Er ist Gründer der internationalen Interessengemeinschaft FÜR gesunde Lebensmittel e.V. – gemeinnützig anerkannt –.

Solidarisiert haben sich der Friedens-Nobelpreisträger Dalai Lama, der Bergsteiger und Grenzgänger Reinhold Messner, die Doppel-Olympiasiegerin von Salt Lake City Kati Wilhelm, Dr. Franz Alt und viele andere Persönlichkeiten.

Seit 25 Jahren setzt er sich für die SOS-Kinderdörfer weltweit ein und sammelte in dieser Zeit Spendengelder für acht SOS Familienhäuser.

Herausgeber:

die Internationale Interessengemeinschaft FÜR
gesunde Lebensmittel e.V.
– gemeinnützig anerkannt –
kurz »IG FÜR...«

Postfach 1803
87408 Kempten

Der Verkaufserlös ist für die Ziele der Interessengemeinschaft, kurz »IG FÜR...« bestimmt.

Bewusstseinsbildung für Lebensmittel als »Mittel zum Leben«.
»Leben und Essen im Einklang mit der Natur.«

Georg Sedlmaier
Buchautor

Im Oktober 2009